Lesebuch 10

Erarbeitet von
Birgit Mattke, Jana Mikota,
Anka Rahn, Luzia Scheuringer-Hillus
Unter Beratung von
Kristina Bullert, Freya Rump

D1668093

VOLK UND WISSEN

Redaktion: Birgit Patzelt
Bildrecherche: Angelika Wagener
Illustration: Katia Fouquet, Berlin
Umschlaggestaltung: werkstatt für gebrauchsgrafik, Berlin
Umschlagillustration: Bianca Schaalburg, Berlin
Typografisches Konzept, Satz und Layout:
Farnschläder & Mahlstedt, Hamburg

www.cornelsen.de

Die Links zu externen Webseiten Dritter, die in diesem Lehrwerk
angegeben sind, wurden vor Drucklegung sorgfältig auf ihre Aktualität
geprüft. Der Verlag übernimmt keine Gewähr für die Aktualität
und den Inhalt dieser Seiten oder solcher, die mit ihnen verlinkt sind.

Dieses Werk berücksichtigt die Regeln der reformierten Rechtschreibung
und Zeichensetzung. Bei den mit ⃞R gekennzeichneten Texten haben
die Rechteinhaber einer Anpassung widersprochen.

* Titel mit einem Sternchen sind redaktionelle Überschriften.

1. Auflage, 1. Druck 2013

Alle Drucke dieser Auflage sind inhaltlich unverändert
und können im Unterricht nebeneinander verwendet werden.

Druck: Mohn Media Mohndruck, Gütersloh

ISBN 978-3-06-061734-0

 Inhalt gedruckt auf säurefreiem Papier
aus nachhaltiger Forstwirtschaft.

Inhalt

Kapitel 7 Projekt: Fantastische Motive der Weltliteratur 133

Kapitel 1
Wer bin ich? Wo will ich hin?

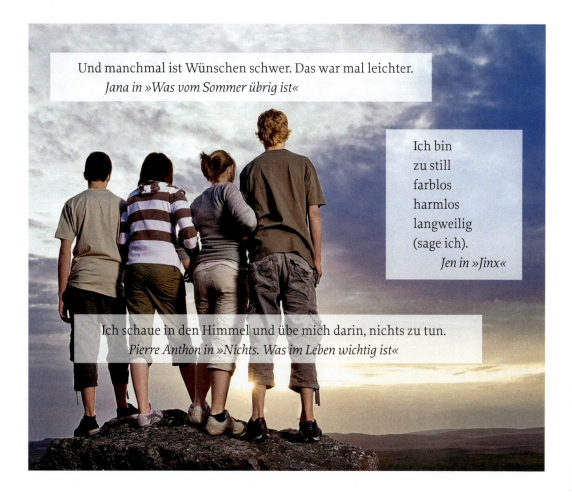

Und manchmal ist Wünschen schwer. Das war mal leichter.
Jana in »Was vom Sommer übrig ist«

Ich bin
zu still
farblos
harmlos
langweilig
(sage ich).
Jen in »Jinx«

Ich schaue in den Himmel und übe mich darin, nichts zu tun.
Pierre Anthon in »Nichts. Was im Leben wichtig ist«

1 Diese Zitate sind Jugendromanen entnommen, in denen junge Menschen von sich erzählen. Erkläre, was Jana, Jen und Pierre Anthon über sich mitteilen und wie sie sich voneinander unterscheiden.

2 Sprecht darüber, wie die einzelnen Jugendlichen auf euch wirken. Habt ihr ähnliche Aussagen schon einmal gehört oder selbst gedacht?

3 Schreibe in wenigen Sätzen auf, was dir zurzeit wichtig ist oder wie du dich fühlst.

Jana möchte sich mit der 17-jährigen Louise anfreunden, die in den Sommerferien eigentlich Geld verdienen und ihren Führerschein machen will. Nichts klappt so richtig. Aber dann verbringen die beiden einige besondere Tage.

1 Die Erzählerin Louise nennt Möglichkeiten, wie man die Sommerferien gestalten kann. Wähle einen Vorschlag aus und erläutere, was du darüber denkst.

Tamara Bach

Was vom Sommer übrig ist

Und was machst du so in den Ferien? Fährst du in den Süden? Mit deinen Eltern, mit Freunden? Hast du einen Job? Machst du ein Praktikum? Willst du ganz viel Zeit am See, im Schwimmbad, mit deiner Freundin verbringen? Verplemperst du Zeit, bist du verplant, durchgeplant, organisiert?

5 Mach was anderes. Klau das Auto deiner Oma, was nicht mal klauen ist, weil sie es nicht merken wird, weil sie in der Toskana ist und weil, klauen in der Familie zählt nicht, gibt's nicht. Lass deinen Job und den anderen sausen und lass deinen Bruder im Krankenhaus liegen. Vergiss das letzte Schuljahr und dass deine Eltern nicht mehr miteinander reden. Und wenn du Lust hast,
10 dann nenn dich anders, gib dir einen anderen Namen, nenn dich nicht mehr Louise, nenn dich nicht Lou, Loulou, Louischen, du kannst eine Indianerin sein, die Häuptlingstochter. Du kannst im Sommer alles sein, was du willst, kannst Fremdsprachen ausprobieren und erfinden. Der Sommer hat tausend und eine Tür. Und die stehen auf Durchzug, weil es heiß ist. Deine Eltern
15 müssen arbeiten und sorgen sich, dass der Teppich einstaubt und die Blumen verdursten, deine Eltern haben Steuererklärungen zu machen und Krankenkassen zu wechseln, Überweisungen zu tätigen, deine Eltern müssen Rentenversicherungen abschließen und zur Vorsorgeuntersuchung.

Du musst noch nicht mal wählen gehen!
20 Also ist es Nacht und dunkel, als Kind hat das doch auch funktioniert, du hast gesagt, schau, ich hab Geld gefunden, hunderttausend Millionen Euro, wir gehen jetzt so viel Eis essen, wie wir können und wollen. Und wenn es Nacht ist und Sternschnuppen fallen, dann kannst du dir was wünschen, und jeder Wunsch wird in Erfüllung gehen, JEDER VERDAMMTE WUNSCH.
25 Also wünsch dir was, bis dir nichts mehr einfällt, und dann gehen Jana und

Louise oder Josie und Luana weiter mit dem Hund, ein Hund, ein Stock, ein himmelblauer Unterrock. Also Erdbeereis. Und was zu trinken von der Tanke. [...]

2 Ab hier erzählt Jana. Fasse in wenigen Sätzen zusammen, wovon der Textauszug handelt.

Ich will nicht auf die Uhr schauen, ich tu's nicht, ich schau den Himmel an,
30 und der wird dunkler, auch wenn wir immer zur Sonne hinfahren. Hinter uns fängt die Nacht an. Wir fahren weiter und hoch und weiter und dann anhalten und Auto aus und aussteigen. Da sind dann noch zwei Decken im Auto und die Tasche und der Hund, alle raus, alle weiter hoch. Und dann sitzen. Jetzt oben. Und schau, da geht auch die Sonne unter und mein Gesicht fühlt sich an
35 wie ein Sonnenuntergang, rotorange mit graublauen Wolkenfetzen. Alles auf meinen Wangen und meiner Stirn drauf. Da zirpt es und in den Ecken vom Himmel fängt es an zu glitzern. Und flimmert, Sterne. Die Sonne rutscht den Himmel runter bis in die Ritze zwischen Bett und Wand, das ist dann der Horizont.
40 »Ist dir kalt?«
Ich schüttel den Kopf.
»Wenn ja, nimm die Decke. Ich hab auch noch 'ne Jacke im Auto.«
Und dann trinken wir Cola und so was wie Red Bull bloß in billig, damit wir wach bleiben, weil es dauert, bis der Himmel dunkel genug ist.
45 »Und schau, was für ein Glück«, sagt Louise.
»Was denn?«
»Wir haben heute Neumond, da sieht man Sternschnuppen noch viel besser.«
»Das ist kein Glück«, sag ich.
50 »Nee, hast Recht. Bist ja die Bestimmerin«, sagt sie.
»Genau.«
Und dann legen wir uns auf den Rücken, und trotzdem sind meine Augen zu klein für den Himmel, auch wenn's zwei sind.
»Also da ist der Große Wagen. Wird auch gerne der Mercedes unter den
55 Sternbildern genannt«, sagt Louise.
»Und da ist der Kleine Wagen«, sag ich und zeig irgendwohin.
»Ah, ja, stimmt. Und schau, da ist der Kühlschrank. Den sieht man sonst eigentlich nur im Winter.«
»Und da«, zeig ich, »der Schlecht Gestrickte Pullover.«

60 »Oh ja, der liegt neben dem Ungespülten Geschirr!«

»Und da der Kleine Koalabär.«

»Den mag ich am liebsten.«

Und dann blitzt was in meinem Augenwinkel. Ich schau zur Seite, sehe kein Flugzeug, frag dann aber doch lieber noch mal nach: »Wenn das so blitzt,
65 dann ist das eine Sternschnuppe, oder?«

»Du hast noch nie 'ne Sternschnuppe gesehen?«

»Nein.«

»Das wird schon eine gewesen sein. Manche sieht man nur so nebenbei. Aber manche sind so richtig wie im Bilderbuch. Wart's nur ab, heute fallen
70 ganz viele. Und wir haben noch Cola.«

Also daliegen und schauen. Und schauen. Und wieder die Sache mit dem Augenwinkel.

»Ich hoffe, du vergisst nicht, dir auch was zu wünschen.«

Oh.
75 »Und ja nicht laut sagen, was!«

Und weil es plötzlich so schwer ist, irgendwas zu sagen, muss mich ja auch konzentrieren und nachdenken, was ich mir wünschen soll, deswegen still sein.

Und wünschen.
80 Und manchmal ist Wünschen schwer. Das war mal leichter. Als kleines Kind, da wünscht man sich nur so was wie ein Pony oder Eis (so viel, wie ich

essen kann, und dann noch mal drei Kugeln) oder dass morgen gutes Wetter ist, damit man in den Kletterpark fahren kann. Und vor einem Jahr noch, dass ich nicht sitzenbleibe, dass Charlotte wieder mehr mit mir macht als mit Lilly.

85 Dass ich mal mehr Brüste kriege oder dass sich jemand in mich verliebt.

Aber das ist so lange her. Und das sind nicht mehr meine Wünsche, das kann sich jemand anders wünschen.

Aber das hier, das ist nicht schlecht für den Anfang, dass da ein Hund liegt ganz nah an mir, tierwarm. Und dass jemand mit mir spielt. Dass es hier nicht

90 nach Krankenhaus riecht, dass hier keine Liste liegt, auf der STAUBSAUGEN steht.

Und dann wünsch ich mir, dass das nie wieder anders wird. Am liebsten soll die Zeit stehenbleiben, und wenn sie dann doch weitergeht, dann soll alles wieder gut sein, dann soll Tom leben und wach sein und auch wollen. Und

95 Mama und Papa wieder zusammen und sich wieder mögen. Und dass es mich dann auch wieder gibt.

Aber wünsch dir das mal, dazu fallen Sternschnuppen zu schnell. Kurz traurig geworden, weil das so ist, aber dann, schau doch mal, wie das aussieht, das reicht doch schon, oder? Das reicht doch schon.

100 Und neben mir »Weißt du, wie viel Sternlein stehen, an dem blauen Himmelszelt«. Ich wünsch mir, dass ich mich an den Text erinnere, aber da fällt wohl grade keine Sternschnuppe, und er fällt mir nicht ein. Aber manchmal reicht es doch auch, wenn neben mir jemand ist, dem auch noch der Rest einfällt, wenn da jemand ist, der weitersingt.

 **3** Diskutiert, warum es als Kind leichter ist, sich etwas zu wünschen.

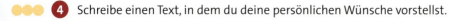 **4** Schreibe einen Text, in dem du deine persönlichen Wünsche vorstellst.

Der 17-jährige Ben lebt bei seinem Großvater Karl auf dem Land. Er macht bei ihm eine Gärtnerlehre und betreut ihn gleichzeitig, denn Karl ist krank.

1 Lies den Text und liste auf, wie Ben an dem beschriebenen Tag seinen Großvater versorgt.

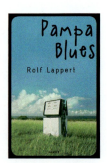

Rolf Lappert

Pampa Blues

ICH HASSE MEIN LEBEN. In drei Jahren werde ich zwanzig, das ist die Hälfte von vierzig. In acht Jahren ist Karl neunzig, und ich bin fünfundzwanzig und vielleicht noch immer hier. Mit ihm. Das will ich mir gar nicht erst vorstellen. Die Realität reicht mir völlig.

5 Karl steht vor mir, splitternackt. Schaum liegt auf seinen knochigen Schultern wie Schnee. Er schlottert ein wenig, dabei ist es warm im Badezimmer. Der Spiegel hat sich beschlagen, unter der Decke hängen Dampfschwaden. Ich trockne Karl den Rücken ab, weil er das nicht mehr selber kann. Was Karl alles nicht mehr selber kann, würde ganze Bücher füllen. Karl schwankt und streckt
10 die Arme nach der Wand aus. In fünfundsechzig Jahren bin ich so alt wie er jetzt.

»Hier, dein Gehänge kannst du dir selber abrubbeln«, sage ich und gebe ihm das Handtuch.

»Gehänge ist gut«, nuschelt Karl und kichert.

15 Manchmal versteht Karl alles, sogar schlüpfrige Sprüche. Dann ist sein Kopf ein altes Radio, in dem die verstaubten Röhren noch einmal aufglühen und auf Empfang gehen. Aber meistens reicht es gerade einmal für die einfachsten Sätze, an schlechten Tagen bloß für einzelne Wörter wie essen oder schlafen oder Kuchen. Mit Karl geht es bergab. Wenn sein Gehirn den Betrieb
20 irgendwann völlig aufgibt, können wir uns überhaupt nicht mehr unterhalten. Ich weiß nicht, ob ich es vermissen werde.

Mit fünfzehn habe ich bei Karl eine Lehre als Gärtner angefangen. Meine Mutter hielt das für eine tolle Idee, aber das war nur eine Notlösung, die einfachste Art, mich nach dem Tod meines Vaters abzuschieben. Karl durfte ei-
25 gentlich gar keine Lehrlinge mehr ausbilden. Sein Gehirn funktionierte damals zwar noch ziemlich tadellos, aber er war alt, hatte kaputte Knie und werkelte nur noch zum Vergnügen im Garten vor sich hin. Trotzdem schaffte

es meine Mutter irgendwie, die Sache mit den Behörden zu regeln. Ich glaube, bei den vielen Schulabbrechern und arbeitslosen Jugendlichen, die es in der
30 Gegend gibt, ist es den Beamten völlig egal, was ich hier so treibe. Hauptsache, ich bin versorgt, lungere nicht rum und nehme keine Drogen.

Karl brachte mir bei, wie man Blumenzwiebeln eingräbt, Rosenbüsche zurückschneidet und Setzlinge umtopft. Von ihm weiß ich, wie man gute Komposterde macht und Blattläuse loswird. Ich kann eine Stein-Nelke von einer
35 Pfingst-Nelke unterscheiden und mit einer Felghacke ebenso gut umgehen wie mit einem Kreil. Was ich hier nicht gelernt habe, ist, wie die Welt da draußen funktioniert und wie sich ein nacktes Mädchen anfühlt.

Meine Mutter hat mich ein Jahr lang jeden Donnerstag in die Stadt zur Berufsschule gefahren, eine Stunde hin und eine zurück. Sie ist Sängerin. In der
40 Zeit ist sie mit Tanzbands bei Partys, Firmenfeiern und Hochzeiten aufgetreten. Aber eigentlich ist meine Mutter Jazzsängerin. Sie tingelt mit einem Quartett durch die Clubs und Kneipen Europas. Piano, Saxophon, Bass, Schlagzeug und sie. [...] Sie kommt viel rum, reist durch ganz Europa, von Palermo bis Helsinki, von Alicante bis Warschau. Für eine große Karriere hat es trotzdem
45 nicht gereicht. Keine Ahnung, warum. Vielleicht fehlt ihr der Ehrgeiz, der richtige Biss. Oder ein tüchtiger Manager. Oder ihre Stimme ist zu durchschnittlich. Und dann Jazz. Ich meine, wer hört sich so was überhaupt an?

Nach dem Bad helfe ich Karl beim Anziehen, dann koche ich uns Mittagessen. Karl deckt den Tisch. Frau Wernicke, die Krankenpflegerin, die einmal
50 pro Woche nach Karl sieht, hat mir gesagt, ich soll Karl kleine Aufgaben ge-

ben, damit sein Gehirn etwas zu tun hat. Eine von Karls Aufgaben ist es, dreimal täglich den Tisch zu decken. Frau Wernicke sagt, das sei eine Art Training,
um die geistige Leistungsfähigkeit zu steigern, aber in Karls Fall scheint die
Sache nicht wirklich zu funktionieren. Meistens vergisst er etwas, einen Löf-
55 fel, eine Tasse, beide Servietten. Oft liegen zwei Gabeln neben jedem Teller,
aber keine Messer, oder er stellt Kaffeetassen hin statt Wassergläser. Manchmal steht er vor dem leeren Tisch und kann sich nicht erinnern, was er tun
soll. Dann muss ich für ihn das Geschirr und Besteck rausnehmen und ihm
alles zeigen. Wenn er einen besonders schlechten Tag hat und fünf Minuten
60 lang ratlos einen Löffel in den Händen dreht, setze ich ihn auf seinen Stuhl
und lasse ihn Papierschnipsel machen. Das verlernt er nie.

Heute hat Karl einen ziemlich guten Tag. Messer und Gabel sind zwar auf
der falschen Seite, aber dafür hat er bis auf die Glasuntersetzer und die Servietten nichts vergessen. Er trägt schwarze Socken, eine weite graue Hose und
65 ein weißes Hemd. Wenn er rasiert wäre, würde er direkt passabel aussehen.
Ich hole die Servietten aus der Schublade, stopfe Karl eine in den Kragen und
kremple seine Ärmel hoch.

»Danke«, sagt Karl. Im Durchschnitt bedankt er sich etwa zehntausendmal
pro Tag bei mir, egal, ob ich ihm in die Pantoffeln helfe, Butter aufs Brot
70 schmiere oder die Brille putze.

»Guten Appetit«, sage ich.

»Danke«, sagt Karl. Die Keksdose, die neben ihm auf dem Boden steht, ist
voller daumennagelgroßer Schnipsel in zahllosen Blautönen.

Wenn ich am Morgen unausgeschlafen oder am Abend vom Tag genervt
75 bin und Karls Essgeräusche nicht hören will, sein Gepuste und Geschlürfe,
sein Kauen und Schmatzen, drehe ich das Radio neben der Spüle an. Aber jetzt
um die Mittagszeit läuft auf allen Sendern nur Mist, und ich lasse es bleiben.

»Wochenrückblick«, sagt Karl.

»Was?« Manchmal benutzt Karl Wörter, die ich vorher noch nie von ihm
80 gehört habe. Dann bin ich immer völlig baff und muss daran denken, wie er
mir früher immer Geschichten erzählt hat, als sein Gehirn noch kein bröseliger Schwamm war.

»Sagt Selma zu so was. Wochenrückblick.«

Karl kann sich einen Hut aufsetzen und mich drei Sekunden später fragen,
85 wo sein Hut ist. Aber ab und zu berühren sich in seinem Kopf ein paar Drähte,
und eine Erinnerung blitzt auf, die jahrelang in einer Ecke verstaubt ist.

»Wir sind hier am Arsch der Welt, nicht am englischen Hof«, sage ich eine
Spur zu schroff. Auch ich habe meine schlechten Tage. Heute ist einer. Am

Morgen hatte Karl Leim in den Haaren, beim Frühstück ist ihm Eigelb auf die
90 frisch gewaschene Pyjamahose getropft, und als er in die Badewanne sollte,
hat er sich geweigert und wie ein kleines Kind aufgeführt.

»Mir schmeckt's«, sagt Karl. Ironie und Zynismus prallen an ihm ab. Nur
wenn ich ihn anschreie, zuckt er zusammen und sieht mich verdattert an.
Dann tut es mir jedes Mal furchtbar leid, und ich entschuldige mich bei ihm
95 und schäle ihm einen Apfel oder eine Mandarine.

»Na, da bin ja beruhigt«, sage ich.

Ich kenne meine Großmutter bloß von Fotos. Sie hat Karl verlassen, bevor
ich geboren wurde. Warum er ausgerechnet heute an sie denkt, ist mir schlei-
erhaft. Den Ausdruck Wochenrückblick hat er bestimmt nicht erfunden. Das
100 Mittagessen besteht aus Schnitzeln von gestern, Kohl von vorgestern, Reis
vom Dienstag und Marmorkuchen von letzter Woche. Wochenrückblick
scheint mir eine treffende Bezeichnung dafür zu sein.

»Vergiss deine Pillen nicht«, sage ich und schiebe ihm den Unterteller mit
den Tabletten hin.

105 »Danke.« Karl legt sich eine Kapsel nach der andern auf die Zunge und
spült sie mit einem Schluck Wasser runter.

Hin und wieder, nicht sehr oft, stelle ich mir vor, wie es wäre, wenn Karl
sterben würde. Ganz selten wünsche ich mir, ihn am Morgen tot in seinem
Bett zu finden. Wenn meine Großmutter nicht weggegangen wäre, hätte sie
110 Karl am Hals. Wer behauptet, man könne über sein Leben selber bestimmen,
hat keine Ahnung. Und bestimmt keinen senilen Opa, um den er sich kümmern muss.

2 Stelle in einer Mindmap zusammen, was du über Ben und seine Familie erfährst.

3 Ben ist der Meinung, dass ein Mensch sein Leben nicht selbst bestimmen kann
(vgl. Z. 110–111). Schreibe einen Brief an Ben, in dem du ihm Möglichkeiten für ein
selbstbestimmtes Leben aufzeigst.

4 Suche Textstellen, in denen Ben die Auswirkungen von Karls Krankheit bildhaft
umschreibt, z. B. »als sein Gehirn noch kein bröseliger Schwamm war« (Z. 81–82),
und erkläre, was Ben damit ausdrücken möchte.

5 Informiere dich über Demenz. Welche Merkmale treffen auf Bens Großvater zu?

Jen möchte, dass in ihrem Leben etwas Aufregendes passiert. Das geschieht auch, als sie sich in Charlie verliebt, aber dann widerfahren ihr lauter schreckliche Dinge. Schließlich nennt sie sich »Jinx«, Unglücksrabe.

1 Lies die beiden Texte auf dieser Doppelseite.
Was erfährst du über Jen?

Margaret Wild

Jinx

Sie heißt Jen

Sie heißt Jen.
Noch nicht
Jinx.

5 Sie lebt mit ihrer Mutter
und ihrer Schwester Grace
in einem kleinen Reihenhaus
am Stadtrand, wo die Kinder als Erstes
»Auto« oder »Flugzeug« sagen.

10 Sie ist glücklich hier,
sie würde nicht anderswo leben wollen.
Aber
Woche um Woche,
Monat um Monat,
15 jeder Tag, jede Nacht sind gnadenlos gleich:
Schule
Hausaufgaben
Abendessen
Fernsehen
20 noch mehr Hausaufgaben
ins Bett.

Sie meckert Mutter und Schwester an,
schreit nach Leben.
Sie hofft, dass bald etwas passiert.
25 Irgendwas. Alles!

Jen: Braves Mädchen

Ich
schwänze die Schule nicht
klaue nicht
rauche nicht
30 trinke nicht.

Ich
mache meine Hausaufgaben
lerne
gebe Schularbeiten pünktlich ab.

35 Ich kümmere mich um meine Schwester
bügele meine Schuluniform
helfe meiner Mutter beim Abwasch.

Ich bin
schlau
40 verlässlich
verantwortungsvoll
(steht in meinem Zeugnis).

Ich bin
zu still
45 farblos
harmlos
langweilig
(sage ich).

An meinem achtzehnten Geburtstag
50 will ich
geraucht haben (Zigaretten und Joints)
betrunken gewesen sein
Sex gehabt haben.

2 Untersuche die Erzählperspektive der beiden Textauszüge.

Jen: Spaß mit Charlie

Ich lerne Charlie
55 auf der Abschlussparty der zehnten Klasse kennen.
Er schleicht sich ein, in Mädchenkleidern.
Connie ist verknallt,
der Schuldirektor tanzt zweimal mit ihm,
auch er ist bezaubert.
60 Charlie ist das hübscheste Mädchen
von allen.

Später gehen ein paar von uns zu Mike's,
um den Rest der Nacht zu feiern.
Charlie kommt auch mit,
65 reißt die Perücke runter,
wischt sich das Make-up aus dem Gesicht,
borgt sich Jeans und ein T-Shirt.
Er ist der bestaussehende Junge von allen.
Connie boxt ihn gegen die Schulter –
70 »Als Mädchen warst du mir lieber!«

Charlie fordert mich zum Tanzen auf.
Ich sage ihm, er soll Schauspieler werden.
Er lacht, zuckt die Schultern,
vielleicht.
75 Seine Eltern wollen, dass er
Arzt oder Anwalt wird,
typisch bürgerliche Karrierepläne.
Er will einfach nur Spaß haben.

Mit mir, hoffe ich!

Jen: Zwei Tagebücher

80 Meine Mutter weiß nicht,
dass ich zwei Tagebücher habe:
eins für Schnüffler,
eins für mich.

Jen: Traummaschine

Charlie liebt zwei Sachen:
85 mich!
und seine Traummaschine.
Es war eine alte Rostschüssel,
bis Charlie und sein Vater
ein Jahr lang daran herumgebastelt haben.
90 Es ist ein Mazda RX2 Capella,
tiefer gelegt,
mit Wankelmotor,
getönten Scheiben,
Sportendschalldämpfern,
95 Leichtmetallfelgen
und einer Anlage mit
Bassboxen und Verstärker.

Den Krach hört man
einen Kilometer weit.
100 Mum findet es peinlich:
»Testosteron auf Rädern.«
Einmal mussten wir sie irgendwo hinbringen –
da hat sie sich eine dunkle Sonnenbrille aufgesetzt
und sich auf der Rückbank kleingemacht,
105 damit ihre Freunde sie nicht sehen würden.

Ich erzähle ihr nicht, wie wir die Norton Street
hoch und runter brettern
und die Cafébesucher
erschrecken.

3 Trage zusammen, was du über Charlie und Jen erfährst. Was denkst du über ihre Beziehung?

4 Beschreibe die ungewöhnliche Form des Romans und die Wirkung auf dich.

5 Schreibe einen zweiten Tagebucheintrag über Charlie, diesmal für »Schnüffler«.

Julia Schitke, Schülerin

Glashaus

Manchmal kommt es mir vor,
als würden wir in einem Glashaus sitzen
– jedoch mit verspiegelten Innenwänden,
sodass uns alles klar und durchsichtig erscheint
5 – mit uns als einzig wahrer Realität.
Wir leben in unserer eigenen Welt,
abgekapselt von der Wirklichkeit,
ein Leben in unseren Vorstellungen,
ohne auch nur einen Blick nach rechts oder links zu wagen.
10 Können wir überhaupt noch zwischen wichtig
und unwichtig unterscheiden?
In dieser Schutzatmosphäre
verschließen wir die Augen.
Diese sterile Umgebung ist frei von sozialen Problemen
15 wie Armut, Obdachlosigkeit, Behinderung, Gewalt,
Konfrontation mit anders Denkenden,
anderen Kulturen, Religionen, Lebensauffassungen.
Dafür haben wir ein bequemes, komfortables Leben.
Nur sollte dann niemand den Fehler machen,
20 dieses Haus zu verlassen,
denn dann müsste er erkennen,
wie schnell Glas zerspringen kann
und wie scharf diese Scherben sind.

1 In diesem Gedicht werden zwei unterschiedliche Welten dargestellt. Stelle sie in einer Tabelle gegenüber. Welche Probleme sind jeweils erkennbar?

2 Erkläre Titel und Schluss des Gedichts.

Ein Selbstporträt gestalten

Ein künstlerisches Selbstporträt – sei es gemalt, fotografiert oder geschrieben – ist eine Momentaufnahme der eigenen Person. Ziel ist es, sich als Individuum glaubwürdig und aufrichtig darzustellen. Bei einem Selbstporträt in Textform kannst du folgendermaßen vorgehen:

1. Schreibaufgabe überdenken

Mach dir bewusst, welchen Zweck du mit deinem Selbstporträt verfolgst. Willst du dich selbst besser kennen lernen oder möchtest du dich in einem sozialen Netzwerk darstellen?

2. Fragenkatalog erstellen und Antworten notieren

Mögliche Fragen: Wie sehe ich aus? Wie lebe ich? Wer oder was ist mir wichtig? Welche besonderen Fähigkeiten habe ich? Wie stelle ich mir meine Zukunft vor? Was missfällt mir an der Welt und was möchte ich ändern? Schreibe ehrliche Antworten.

3. Gliederung überlegen

Sortiere dein Material z. B. nach individuellen Besonderheiten, persönlichen Fähigkeiten, Wertvorstellungen oder Zukunftsvisionen.

4. Selbstporträt entwerfen

Verwende einen Schreibstil, der zum Zweck deines Selbstporträts passt (sachlich oder künstlerisch). Achte darauf, dass du nur das von dir preisgibst, was du vor dir selbst vertreten kannst. Die Form kann z. B. ein epischer Text , ein Monolog oder ein Gedicht sein.

5. Überarbeiten und fertigstellen

Lies dein Selbstporträt kritisch durch, überarbeite es und schreibe die Endfassung.

1 Stellt euch eure Selbstporträts gegenseitig vor. Erläutert dann, wie Inhalt und die sprachliche Darbietung des Selbstporträts auf euch wirken.

2 Vergleiche das Gedicht der Schülerin (S. 20) mit den Hinweisen auf der Methodenseite. Inwiefern ist es eine besondere Form des Selbstporträts?

Der 17-jährige Oliver Darm lebt bei seinem Onkel Kurt. Seit seine Schwester Irina und seine Mutter Monika tot sind, hält er sein Leben für verpfuscht. Seine Mitschülerin und Freundin Jana hält zu ihm, aber will er diese Nähe überhaupt?

Gabi Kreslehner

Und der Himmel rot

Die Gegend, durch die der Bus fuhr, war nicht übel. Gepflegte Vorgärten, behütete Vogelhäuschen, flache, lang gezogene Schulgebäude, die Fenster mit Fingerfarben vollgeschmiert. Dann, am Ende der Straße, Kurts Laden, nobel, elegant, der Schriftzug über der Tür zart, verschnörkelt: *Darms Laden.*
5 Darm musste grinsen. Kurt, der gute Onkel Kurt, Monikas großer Bruder, hatte es geschafft. Zeit seines Lebens hatte er immer nur tischlern wollen und sägen und hobeln, hatte sich in den Duft der Hölzer gelegt, der alten und der jungen, als wolle er darin sterben, war Meister seines Fachs geworden, stand inmitten seiner Antiquitäten wie ein fest verwurzelter Baum. Ein verwurzelter Darm
10 also, dass es das gab, hatte Darm lange nicht für möglich gehalten.

Er stieg aus dem Bus, lief die letzten Schritte, steckte den Schlüssel ins Schloss der uralten Holztür und lauschte ihrem Knarren nach und der Vertrautheit, die sich in ihm einstellte, sobald das Knarren durch seine Ohren flutschte. Er machte die Tür zu, lehnte sich ein bisschen dagegen, schloss für
15 einen Wimpernschlag die Augen und dachte an Jana, die kleine kurzbeinige Jana mit den wunderschönen Augen. Wieder einmal stellte er sie sich als i-Punkt vor über *Laden*, und obwohl das i in *Laden* fehlte, ging es in Ordnung und er beschloss zu bleiben. Seit einem Jahr lebte er nun schon hier, war hier siebzehn geworden, würde wohl auch achtzehn werden.
20 Das Haus war großzügig geschnitten, teilte sich in Geschäft, Werkstatt und Wohnräume, und alles ging irgendwie ineinander über und war so weitläufig, dass man sich, wenn man wollte, aus dem Weg gehen konnte.

Kurt stand in der Küche, einsilbig und schweigsam, aber vollkommen Herr der Lage. »Hast du Hunger?«, fragte er und rührte in einem Topf.
25 Süß wehte es Darm entgegen, Vanille oder Apfel, man konnte es schlecht einordnen in diesem Konglomerat an Gerüchen von Zimt und Lack bis Koriander und Leim. »Nein«, sagte Darm. [...]

Anstatt bei seinem Onkel zu essen, nimmt Darm seine Kamera und geht los.

Darm stieg auf den Hügel. Der hielt der Stadt im Westen den Rücken frei, von ihm aus konnte man zur Gänze über sie hinwegblicken, über den Fluss und
30 seine Ufer und die Wasserwiesen. Von ihm aus konnte man die Stadt glitzern sehen und sie glitzerte Darm an. Funkelte in die Kamera hinein, in Darms Augen, in sein Herz, aber da kam das Funkeln nicht an.

Jana war gekommen, kannte diese Stelle, wo er täglich ins Glitzern fiel, hatte sich an seine Seite gehockt, so wie sie es immer tat, ihn in ihre Arme
35 genommen, ihn in ihre Augen gesaugt und ihm allerhand schönes Zeug gesagt, von dem Darm sich nichts gemerkt hatte, weil er sich so was eben nicht merkte.

Jana liebte Darm. Darm liebte Jana nicht. Darm liebte niemanden. Vielleicht die Stadt, wenn sie glitzerte, noch mehr, wenn sie brannte.
40 Jana kam oft. Weil sie ihn liebte. Und ihm auf den Geist ging mit dieser Liebe. Er konnte sie nicht brauchen, wollte nur ein bisschen ihre Wärme. Und den Duft, der ihr entströmte, wenn sie ihn küsste.

Das war alles. Nicht mehr und nicht weniger. Man konnte nicht lieben in dieser Zeit. Es war nichts von Dauer. Der Glitzer vielleicht, wenn er eingefan-
45 gen war auf dem Display der Kamera. Das Brennen. Vom Hügel aus. Ohne Ziel. Wie er, Darm.

Schön war das. Und scheiße.

Wenn man ehrlich war, hatte alles mit Irina angefangen.

❶ Stelle in einer Mindmap zusammen, was du bisher über Darm erfahren hast.

Sie trieben in der Mitte des Flusses, im tiefen Sommer im breiten Fluss, die
50 Tage wurden lang, länger, je tiefer der Sommer wurde, die Tage waren ohne Ziel, Ferientage, freie Tage. Im Brennen der Sonne kämpften sich Darm und Jana quer durch den Fluss, dann lagen sie in der Mitte, endlich, überließen sich der Strömung, und sie war wie ein Sog, dem man sich nicht mehr entziehen wollte, wie eine Welle, die einen trug und fortschwappte in ein Land, in dem
55 Milch und Honig flossen, wo das Leben insgesamt ein breiter Fluss war, ein breiter, breiter Fluss, der den Himmel hell machte.

Am Abend gingen sie flussaufwärts, den Wasserwiesen zu. »Die Bäume«, sagte Jana, »ich finde, die Bäume sehen in diesem Licht, wenn es rot wird, aus wie die Schiele-Bäume, du weißt schon, diese schwarzen Gespenster mit den
60 dünnen Stämmen und Ästen.«

Darm nickte, grinste, aber so, dass Jana es nicht merkte. Schiele-Bäume, dachte er, schwarze Gespenster, tss, tss, mein Janchen!

»Ja«, machte sie, »was?«

Er schaute sie überrascht an.

65 »Was hast du grade gedacht?«, fragte sie angriffslustig, blieb stehen und streckte ihre Hände in die Hüften.

Süß, dachte er, sie ist wirklich süß, wenn sie sich ärgert, und wusste gleichzeitig, dass das alle dachten von ihren Mädchen, wenn sie verliebt waren, weil es eben süß war, wenn sie dastanden, die Mädchen, mit den Händen in den

70 Hüften. Er grinste über sich selber und seine Gedanken, Sommergedanken, die hierhin staksten und dahin. Er zog Jana an sich, drückte sie, strich ihre Wange.

»Also?«, fragte sie. »Was denkst du so in dich hinein, wenn du so in dich hineindenkst, du Grinser. Ich kenn dich, Bursche. Du kannst vor mir nichts

75 verbergen.«

»Dass du verrückt bist«, grunzte er, »eine ziemlich verrückte Schnecke.«

Sie öffnete den Mund, wollte etwas sagen, wollte keck sein und frech, aber er küsste sie rasch und tief und so, dass sie nichts mehr sagen konnte.

Später saßen sie, wo sie immer saßen, Jana fror ein bisschen. Das kam, weil

80 der Fluss sich in seine zwei Arme geöffnet hatte und das Licht auf sich sammelte, dieses rote, das in der Dämmerung immer ein bisschen unheimlich wurde, und das war einfach zum Frieren.

85 Linker Hand spiegelten sich die Lichter aus den Fenstern der Häuser am Ufer und machten weiße und rote Streifen ins Wasser, aber es war ein anderes Rot als das des Himmels, ein

90 kräftigeres, und wenn der Himmel sein Rot langsam verlor, wurden die Lichter aus den Fenstern der Häuser immer voller und deutlicher, und dann fielen die weißen Streifen ein

95 bisschen ins Gelb und ins Orange und das Wasser wurde dunkler.

Jana schmiegte sich an Darm, das tat ihm gut. Abdruck in meiner Seele,

dachte er spöttisch, hätte Monika es genannt. Ach, Monika, dachte er, ach,
100 Mum, und spürte plötzlich eine kleine Wärme für sie. Auch das, ahnte er, war
wohl ein bisschen Janas Verdienst und er steckte sein Gesicht in ihre Haare
und die rochen nach Heu und nach Wasser und nach er-wusste-nicht-was-
sonst-noch, aber das war egal.

»Was hast du denn?«, fragte sie und umfing ihn mit ihren Armen und
105 schluckte doch selber ein bisschen, weil alles gerade so schön war.

»Nichts«, sagte er, »und du?«

»Auch nichts«, sagte sie, »aber vielleicht …«, und schluckte, »vielleicht sind
es die Schiele-Bäume, die sind so – einsam.«

Er prustete los, stichelte mit seinem Zeigefinger in ihre Rippen. »Einsam!«,
110 kiekste er. »Einsam! Ja! Die Bäume! Die Schiele-Bäume. Ja! Das ist wirklich eine
Tragödie! Die Voresberg würde sagen, eine von *faustischem Ausmaß!*«

Da lachten sie beide und dachten an die letzte Literaturarbeit, die Darm so
was von versemmelt hatte, und dann wurden sie wieder still und schauten
sich fest im Rot, im Gelb, im Blau, und dann wurde Jana erneut sprüngelig und
115 Darm merkte es und spürte ein zärtliches Grinsen im Bauch.

»Ach, Janchen«, sagte er, »sind wir schon wieder ein wenig melancholisch,
mein Janchen?«, und grinste weiter und wusste, gleich würde sie ihn ein bisschen beißen, gleich würde sie ihm ganz zart eine knallen, weil sie das nicht
mochte, sein Janchen-Gesage, nein, sie mochte das ganz und gar nicht und
120 drum tat er's hin und wieder, sie Janchen nennen, ein bisschen necken, das
machte warm im Bauch. Und wirklich stieß sie ihn in die Hüfte und kiekste
los und nannte ihn Därmchen, »Mein kleines Därmchen, du!«.

2 Beschreibe die Beziehung zwischen Jana und Darm. Belege deine Aussagen mit
Textbeispielen.

3 Versetze dich in die Figur von Darm und schreibe aus dessen Perspektive ein
Selbstporträt. Orientiere dich an der Methodenseite (S. 21).

4 Untersuche, wie die Natur, insbesondere der Himmel und der Fluss, auf Jana und
Darm wirkt. Beschreibe die Farbsymbolik und belege deine Aussagen mit Text-
zitaten.

5 Die Bäume erinnern Jana an den Maler Egon Schiele. Informiere dich über diesen
Künstler und seine Baum-Bilder. Erläutere dann, was Jana mit den »Schiele-
Bäumen« zum Ausdruck bringen will.

Die Ich-Erzählerin Agnes beschreibt ihren Mitschüler Pierre Anthon, der am ersten Schultag nach den Ferien plötzlich die Klasse verlässt und zum Aussteiger wird.

1 Lies zunächst den Titel. Was könnte er bedeuten?

Janne Teller

Nichts. Was im Leben wichtig ist

Pierre Anthon verließ an dem Tag die Schule, als er herausfand, dass nichts etwas bedeutete und es sich deshalb nicht lohnte, irgendetwas zu tun. Wir anderen blieben.

Und auch wenn die Lehrer sich bemühten, rasch hinter ihm aufzuräumen –
5 sowohl im Klassenzimmer als auch in unseren Köpfen –, so blieb doch ein bisschen von Pierre Anthon in uns hängen. Vielleicht kam deshalb alles so, wie es kam.

Es war in der zweiten Augustwoche. Die Sonne brannte und machte uns faul und leicht reizbar, der Asphalt klebte an den Sohlen unserer Turnschuhe,
10 und die Äpfel und Birnen waren gerade eben so reif, dass sie perfekt als Wurfgeschoss in der Hand lagen. Wir schauten weder links noch rechts. Der erste Schultag nach den Sommerferien. Das Klassenzimmer roch nach Reinigungsmitteln und langem Leerstehen, die Fensterscheiben warfen gestochen scharfe Spiegelbilder, und an der Tafel hing kein Kreidestaub. Die Tische standen in
15 Zweierreihen so gerade wie Krankenhausflure und wie sie es nur an ebendiesem einen Tag im Jahr tun. [...]

Wir gingen zu unseren Plätzen, ohne uns über die vorgegebene Ordnung aufzuregen.

Kommt Zeit, kommt Rat, kommt Unordnung. Aber nicht heute!

20 Eskildsen begrüßte uns mit demselben Witz wie in jedem Jahr. »Kinder, freut euch über den heutigen Tag«, sagte er. »Ohne Schule gäbe es auch keine Ferien.«

Wir lachten. Nicht, weil wir das witzig fanden, sondern weil er es sagte.

Genau da stand Pierre Anthon auf.

25 »Nichts bedeutet irgendetwas«, sagte er. »Das weiß ich schon lange. Deshalb lohnt es sich nicht, irgendetwas zu tun. Das habe ich gerade herausgefunden.« Ganz ruhig bückte er sich und packte die Sachen, die er gerade herausgenommen hatte, wieder in seine Tasche. Mit gleichgültiger Miene

nickte er uns zum Abschied zu und ging hinaus, ohne die Tür hinter sich zu
30 schließen.

Die Tür lächelte. Es war das erste Mal, dass ich sie das tun sah. Mir kam die
angelehnte Tür wie ein breit grinsendes Maul vor, das mich verschlingen
würde, wenn ich mich dazu verlocken ließ, Pierre Anthon nach draußen zu
folgen. Wem lächelte es zu? Mir, uns allen. Ich sah mich in der Klasse um, und
35 die ungemütliche Stille sagte mir, dass die anderen es auch bemerkt hatten.

Aus uns sollte etwas werden.

Etwas werden bedeutete jemand werden, aber das wurde nicht laut gesagt.
Es wurde auch nicht leise gesagt. Das lag einfach in der Luft oder in der Zeit
oder im Zaun rings um die Schule oder in unseren Kopfkissen oder in den
40 Kuscheltieren, die, nachdem sie ausgedient hatten, ungerechterweise irgendwo auf Dachböden oder in Kellern gelandet waren, wo sie Staub ansam-
melten. Ich wusste es nicht. Pierre Anthons lächelnde Tür erzählte es mir. Mit
dem Kopf wusste ich es immer noch nicht, aber trotzdem wusste ich es.

Ich bekam Angst. Angst vor Pierre Anthon.
45 Angst. Mehr Angst. Am meisten Angst.

Wir lebten in Tæring, einem Vorort einer mittelgroßen Provinzstadt. Er war
nicht vornehm, aber ziemlich. Daran wurden wir oft erinnert, auch wenn es
nicht laut gesagt wurde. Auch nicht leise. Ordentlich gemauerte, gelb ver-
putzte Häuschen und rote Eigenheime mit Gärten ringsum, neue graubraune
50 Reihenhäuser mit Vorgärten, und dann die Wohnungen, wo die wohnten, mit

denen wir nicht spielten. Es gab auch ein paar alte Fachwerkhäuser und ehemalige Bauernhöfe, deren Land eingemeindet worden war, und einige wenige weiße Villen, wo die wohnten, die noch mehr ziemlich vornehm waren als wir anderen.

55 Die Schule von Tæring lag an einer Ecke, wo zwei Straßen aufeinandertreffen. Alle, bis auf Elise, wohnten an der einen, dem Tæringvej. Elise machte manchmal einen Umweg, um mit uns anderen zur Schule zu gehen. Jedenfalls bis Pierre Anthon nicht mehr zur Schule ging.

Pierre Anthon wohnte mit seinem Vater und der Kommune im Tæringvej
60 Nr. 25, einem ehemaligen Bauernhof. Pierre Anthons Vater und die Kommune waren Hippies, die in den Achtundsechzigern stecken geblieben waren. Das sagten unsere Eltern, und auch wenn wir nicht richtig wussten, was das bedeutete, sagten wir das auch. Im Vorgarten dicht an der Straße stand ein Pflaumenbaum. Der Baum war groß und alt und krumm und neigte sich über die
65 Hecke und lockte mit bereift-staubigen Victoria-Pflaumen, die für uns unerreichbar waren. In vergangenen Jahren waren wir hochgesprungen, um sie zu erwischen. Damit hörten wir auf. Pierre Anthon war von der Schule abgegangen, um im Pflaumenbaum zu sitzen und mit unreifen Pflaumen zu werfen. Manche trafen uns. Nicht, weil Pierre Anthon auf uns zielte, das sei die Mühe
70 nicht wert, beteuerte er. Der Zufall wolle es halt so.

Und er rief hinter uns her.

»Alles ist egal«, schrie er eines Tages. »Denn alles fängt nur an, um aufzuhören. In demselben Moment, in dem ihr geboren werdet, fangt ihr an
75 zu sterben. Und so ist es mit allem.«

»Die Erde ist vier Milliarden sechshundert Millionen Jahre alt, aber ihr werdet höchstens hundert!«, rief er an einem anderen Tag. »Das Leben ist die Mühe überhaupt nicht wert.«
80 Und er fuhr fort:

»Das Ganze ist nichts weiter als ein Spiel, das nur darauf hinausläuft, so zu tun als ob – und eben genau dabei der Beste zu sein.«

Es hatte übrigens bisher nichts darauf hinge-
85 deutet, dass Pierre Anthon der Klügste von uns war, aber plötzlich wussten wir es alle. Denn irgendetwas hatte er begriffen. Auch wenn wir uns nicht trauten, das zuzugeben. Weder unseren El-

tern noch den Lehrern oder den anderen gegenüber. Nicht einmal uns selbst
90 gegenüber. Wir wollten nicht in der Welt leben, von der uns Pierre Anthon
erzählte. Aus uns sollte etwas werden, wir wollten jemand werden.

Die lächelnde Tür nach draußen lockte uns nicht.

Gar nicht. Überhaupt nicht!

Deshalb kamen wir darauf. Das ist vielleicht ein bisschen übertrieben, denn
95 eigentlich brachte uns Pierre Anthon auf die Idee.

Es war eines Morgens, nachdem Sofie zwei harte Pflaumen unmittelbar
nacheinander am Kopf getroffen hatten und sie richtig wütend auf Pierre Anthon geworden war, weil er einfach nur da oben in diesem Baum saß und uns
andere entmutigte.

100 »Du sitzt bloß da und gaffst in die Luft. Ist das vielleicht besser?«, rief sie.

»Ich gaffe nicht in die Luft«, antwortete Pierre Anthon ruhig. »Ich schaue
in den Himmel und übe mich darin, nichts zu tun.«

»Den Teufel tust du!«, schrie Sofie wütend und warf ein Stöckchen nach
oben in den Pflaumenbaum zu Pierre Anthon, aber es landete in der Hecke tief
105 unter ihm.

Pierre Anthon lachte und rief so laut, dass es bis zur Schule zu hören war:

»Wenn es etwas gibt, über das es sich lohnt, sauer zu werden, gibt es auch
etwas, worüber es sich lohnt, sich zu freuen. Wenn es etwas gibt, über das es
sich lohnt, sich zu freuen, gibt es auch etwas, was etwas bedeutet. Aber das
110 gibt es nicht!« Er hob die Stimme noch mehr und brüllte: »In wenigen Jahren
seid ihr alle tot und vergessen und nichts, also könnt ihr genauso gut sofort
damit anfangen, euch darin zu üben.«

Da wurde uns klar, dass wir Pierre Anthon wieder vom Pflaumenbaum he-
runterholen mussten.

2 Erläutere, warum Pierre Anthon nicht mehr zur Schule geht und stattdessen seine
Zeit auf einem Pflaumenbaum verbringt.

3 Beschreibe, wie Agnes und ihre Mitschüler auf dieses Verhalten reagieren.

4 Versetze dich in die Figur von Pierre Anthon und schreibe aus dessen Perspektive
ein Selbstporträt. Orientiere dich an der Methodenseite (S. 21).

5 Diskutiert Pierre Anthons Einstellung und Verhalten. Leitet daraus Argumente ab,
die Pierre dazu bewegen könnten, vom Baum herunterzukommen.

1 Lies den ersten Auszug aus einem Jugendroman. Was drückt er für dich aus?

Charles Benoit

DU bist dran!

Es gibt immer ein *Aber.*
Es ist ein magisches Wort. Man kann alles sagen, was man will, so lange
schwafeln, wie es nur geht, und dann muss man nur dieses magische Wort
dazufügen, und sofort ist alles, was man gesagt hat, ausgelöscht, bedeutungs-
5 los, einfach so.
Du bist wirklich ein netter Junge … […]
Du *bist* schlauer als das.
Du *könntest* überall ein A[1] haben.   1 vergleichbar mit Note Eins
Du *könntest* zu den Besten gehören.
10 Und wenn du dich nicht bald zusammenreißt, *wirst* du keinen Collegeplatz
bekommen.
Du *wirst* keinen ordentlichen Job finden.
Du *wirst* es zu nichts bringen.
Und du *weißt*, dass das alles wahr ist.
15 Aber. […]

2 Wähle aus dem zweiten Textauszug drei Aussagen aus und erläutere jeweils,
warum Eltern diese Sätze sagen und wie sie auf dich wirken.

Das sind die Top Ten der Dinge, die deine Eltern zu dir sagen:
- Willst du eigentlich den ganzen Tag vor dem Computer hocken?
- Als ich in deinem Alter war, hatte ich zwei Jobs.
- Warum ziehst du nicht zur Abwechslung mal Kleidung an, die passt?
- Mach das leiser. Man hört es im ganzen Haus.
- Das ist doch kein ordentliches Essen.
- Hast du deine Hausaufgaben gemacht?
- Nuschel nicht so. Sprich lauter.
- Was hast du jetzt wieder gemacht?
- Weil ich es sage.
- Nein.

3 Schreibe eine eigene Top-Ten-Liste über das, was du zu deinen Eltern sagst.

Kapitel 2
»Die Welle« –
Eine Literaturverfilmung

Wie entsteht Faschismus? Ein junger Lehrer entschließt sich zu einem ungewöhnlichen Experiment. Er möchte seinen Schülern beweisen, dass Anfälligkeit für faschistoides Handeln und Denken immer und überall vorhanden ist. Doch die »Bewegung«, die er auslöst, droht ihn und sein Vorhaben zu überrollen: Das Experiment gerät außer Kontrolle.

Ein spannender Roman, der auf einer wahren Begebenheit 1969 an einer amerikanischen High School basiert und von seiner Aktualität nichts eingebüßt hat.

Deutschland. Heute. Der Gymnasiallehrer Rainer Wenger (Jürgen Vogel) startet während einer Projektwoche zum Thema »Staatsformen« einen Versuch, um den Schülern die Entstehung einer Diktatur greifbar zu machen. Ein pädagogisches Experiment mit verheerenden Folgen. [...]

1 Betrachte die Cover des Romans und der DVD und lies die Klappentexte. Welche Gemeinsamkeiten und Unterschiede werden zwischen Roman und Verfilmung deutlich?

2 Beschreibe deine Erwartungen an die Geschichte, die in Buch und Film erzählt wird.

3 Wiederhole deine Kenntnisse zu Faschismus und Nationalsozialismus aus dem Geschichtsunterricht.

1 Lies den folgenden Romanauszug und gib die Ausgangssituation der Handlung mit eigenen Worten wieder.

Morton Rhue

Die Welle

Das Thema der Stunde war der Zweite Weltkrieg, und der Film, den Ben Ross an jenem Tage vorführte, berichtete von den Grausamkeiten, die Nazis in den Konzentrationslagern verübt hatten. [...] Sie sahen Männer und Frauen, die so heruntergekommen und ausgehungert waren, dass sie nur
5 noch aus Haut und Knochen zu bestehen schienen.

[...] Sie sahen jetzt die Gaskammern und Menschenleiber, die wie Brennholz aufgestapelt waren. Noch lebende menschliche Skelette hatten die entsetzliche Aufgabe, die Toten unter den wachsamen Augen der SS-Leute aufzuschichten. Ben spürte Übelkeit in sich aufsteigen. Wie war es nur möglich,
10 dass ein Mensch einen anderen Menschen zu einer solchen Arbeit zwang? Den Schülern sagte er: »In diesen Todeslagern spielte sich ab, was Hitler die ›Endlösung der Judenfrage‹ nannte. Aber jedermann – nicht nur die Juden – konnte in ein solches Lager geschickt werden, wenn er von den Nazis nicht als tauglich befunden wurde, der ›Herrenrasse‹ anzugehören. In ganz Osteuropa
15 pferchte man die Menschen in Lager. Zunächst leisteten sie harte Arbeit, hungerten, wurden gefoltert, und wenn sie nicht mehr arbeiten konnten, endeten sie in den Gaskammern. Ihre Überreste wurden in den Öfen verbrannt.« [...]

Der Film endete, und Ben erklärte seinen Schülern: »Insgesamt haben die Nazis über zehn Millionen Männer, Frauen und Kinder in ihren Vernichtungs-
20 lagern umgebracht.«

Ein Schüler, der dicht bei der Tür saß, schaltete das Licht ein. Als der Lehrer sich im Klassenraum umsah, erkannte er deutlich, dass die meisten Schüler tief betroffen waren. Ben hatte sie nicht schockieren wollen, doch es war ihm klar gewesen, dass dieser Film es tun würde.
25 Die meisten der Schüler waren in der kleinen Vorstadtgemeinde aufgewachsen, die sich ruhig und friedlich um die Gordon High School ausbreitete. Sie entstammten gesunden Mittelstandsfamilien [...]. Aber ganz vorn saß Amy Smith, und es sah so aus, als wischte sie sich gerade die Tränen aus den Augen. Auch Laurie Saunders sah ganz verstört aus.
30 »Ich weiß, dass dieser Film viele von euch tief erregt hat«, sagte Ben. »Aber ich habe euch diesen Film heute gerade deswegen gezeigt, weil ich euer Ge-

fühl ansprechen wollte. Ich möchte, dass ihr über das nachdenkt, was ihr gesehen habt und was ich euch erzählt habe. Hat noch jemand Fragen?«

Amy Smith hob sofort die Hand.

35 »Ja, Amy?«

»Waren alle Deutschen Nazis?«, fragte sie.

Ben schüttelte den Kopf. »Nein. Beispielsweise gehörten weniger als zehn Prozent zur Nazipartei.«

»Warum hat dann keiner versucht, die Nazis an dem zu hindern, was sie
40 taten?«

»Das weiß ich nicht genau, Amy. Ich kann nur vermuten, dass sie Angst hatten. Die Nazis waren vielleicht eine Minderheit, aber sie waren eine gut organisierte, bewaffnete und gefährliche Minderheit. Man darf nicht vergessen, dass die übrige Bevölkerung unorganisiert, unbewaffnet und verängstigt
45 war. Alle hatten sie die Inflationszeit erlebt, die ihr Land förmlich ruiniert hatte. Vielleicht hofften manche, die Nazis könnten wieder Ordnung in die Gesellschaft bringen. Jedenfalls haben die meisten Deutschen nach dem Krieg behauptet, sie hätten von den Grausamkeiten nichts gewusst.«

Ein schwarzhaariger Junge namens Eric hob die Hand. »Das ist doch Un-
50 sinn!«, rief er. »Wie kann man denn Millionen von Menschen abschlachten, ohne dass jemand etwas davon weiß?« [...]

Jetzt hob Laurie Saunders die Hand. [...] »Wie konnten sich denn die Deutschen ganz ruhig verhalten, während die Nazis massenweise Menschen abschlachteten, und dann behaupten, sie hätten von alledem nichts gewusst?
55 Wie konnten sie das tun? Und wie konnten sie es auch nur behaupten?«

»Auch dazu kann ich nur sagen, dass die Nazis sehr straff organisiert waren und dass sie gefürchtet wurden. Das Verhalten der übrigen deutschen Bevölkerung ist ein Rätsel: Warum haben sie nicht versucht, das Geschehen aufzuhalten? Wie konnten sie behaupten, von alledem nichts gewusst zu haben?
60 Die Antworten auf diese Fragen kennen wir nicht.«

Eric hob abermals die Hand: »Ich kann jedenfalls nur sagen, dass ich nie zulassen würde, dass eine kleine Minderheit die Mehrheit bevormundet.«

»Stimmt«, bestätigte Brad. »Mich brächten ein paar Nazis nicht dazu, so zu tun, als würde ich nichts mehr hören und sehen!«

2 Beschreibe die Situation im Klassenraum. Überlege, mit welchen Adjektiven man die Wirkung des gezeigten Films ausdrücken könnte.

3 Erläutere den letzten Satz des Textes. Wie bewertest du Brads Aussage?

Der gleichnamige Film kam 2008 in die Kinos. Die Handlung wurde nach Deutschland verlegt und spielt in der Gegenwart. Während einer Projektwoche erarbeitet der beliebte Lehrer Rainer Wenger, der sich von seinen Schülerinnen und Schülern duzen lässt, das Thema »Autokratie«. Die Szene beginnt damit, dass er das Wort *Autokratie* an die Tafel schreibt.

1 Lies den folgenden Dialog und fasse seinen Inhalt mit eigenen Worten zusammen.

»Die Welle« – Der Film

Wenger Autokratie. Was ist das? *(Schweigen)* Na, kommt schon. Ihr habt euch das Thema ausgesucht. Irgendwas müsst ihr euch doch davon versprochen haben.

Kevin Na ja, keinen Stress hoffentlich. *(andere Schülerinnen und Schüler lachen*
5   *zustimmend)*

Wenger Jens, was versteht man unter autokratischer Staatsform?

Jens So was wie Monarchie vielleicht?

Wenger Nicht unbedingt. Ferdi, fällt dir was dazu ein?

Ferdi Das sind … Autorennen in Kratern.

10   **Wenger** *(verdreht die Augen)* Das war jetzt aber wirklich ein ganz Sparsamer. Lisa? Enttäusch mich nicht.

Lisa Hm … Diktatur vielleicht.

Wenger Unter anderem, ja. Caro?

Caro Ich glaube, Autokratie ist, wenn ein Einzelner oder eine Gruppe über
15   die Masse herrscht.

Wenger Genau. Autokratie leitet sich aus dem Griechischen ab und bedeutet Selbstherrschaft. […] In einer Autokratie hat ein Einzelner oder eine Gruppe, die die Regierung stellt, so viel Macht, dass sie die Gesetze ändern können, wie sie's wollen. Habt ihr Beispiele für solche Systeme? *(Schwei-*
20   *gen)* Na, kommt schon. Irgendeine Diktatur wird euch doch wohl einfallen.

Sinan Drittes Reich.

Bomber *(stöhnend)* Och nee, nicht schon wieder.

Wenger Also, ich hab mir das Thema auch nicht ausgesucht, aber wir müssen die Woche hier irgendwie rumkriegen. *(greift in seine Tasche)* Ich hab euch
25   ein paar Zettel ausgedruckt.

Bomber Nee, nicht die Scheiße schon wieder durchkauen.

Mona O Mann, das ist nun mal ein wichtiges Thema.

Bomber Nazideutschland war scheiße. Langsam hab ich's auch kapiert.

Kevin Genau, Scheißnazis.

30 **Bomber** So was passiert hier doch eh nicht mehr.

Mona Ach ja, und die Neonazis?

Bomber Wir können uns doch nicht dauernd für eine Sache schuldig fühlen, die wir gar nicht getan haben.

Mona Es geht auch nicht um Schuld. Es geht darum, dass wir mit unserer Ge-

35 schichte eine Verantwortung haben.

Sinan Also, ich bin Türke, ey.

Jens Verantwortung, klar. Aber das weiß doch jeder. [...]

Wenger Ihr seid also der Meinung, dass eine Diktatur in Deutschland nicht mehr möglich wäre?

40 **Jens** Auf keinen Fall, dazu sind wir viel zu aufgeklärt.

Wenger Marco? Was meinst du?

Marco *(gelangweilt)* Keine Ahnung.

Wenger Okay. Zehn Minuten Pause.

2 Vergleiche die Ausgangssituation für das Experiment im Roman und im Drehbuch. Beachte dabei auch die Äußerungen der Schülerinnen und Schüler zur Frage nach der Verantwortung.

3 Seht euch den Film bis zu dieser Stelle an. Woran erkennt ihr, wo und wann die Handlung spielt? Achtet auf Kleidung, Orte und Sprache.

❶ Lies, wie Ben Ross das Experiment beginnt, und fasse das Gelesene mit eigenen Worten zusammen.

Morton Rhue

Die Welle

Am nächsten Morgen kamen die Schüler so langsam und träge wie immer zum Unterricht. Manche setzten sich, andere standen herum und redeten miteinander. Robert Billings stand am Fenster und verknotete die Zugschnüre der Gardinen. Während er damit beschäftigt war, ging sein ständiger Quäler
5 Brad an ihm vorbei und schlug ihm auf den Rücken, womit er unauffällig einen Zettel mit der Aufschrift »Tritt mich!« an Roberts Hemd befestigte.

Es schien eine ganz normale Geschichtsstunde zu werden, bis die Schüler bemerkten, dass ihr Lehrer in großen Buchstaben an die Tafel geschrieben hatte: MACHT DURCH DISZIPLIN
10 »Was soll denn das bedeuten?«, fragte einer.

»Das werde ich euch erklären, sobald ihr alle sitzt«, antwortete Ben Ross, und als alle Schüler an ihren Plätzen saßen, begann er: »Ich werde heute mit euch über Disziplin sprechen.«

Man vernahm ein allgemeines Stöhnen. [...]
15 »Wartet ab«, riet Ben. »Ehe ihr urteilt, solltet ihr erst einmal zuhören. Es könnte ganz spannend werden.«

»Ja, bestimmt«, sagte einer.

»Ja, ganz bestimmt sogar«, erwiderte Ben. »Wenn ich über Disziplin rede, dann rede ich auch von der Macht«, sagte er. »Und ich rede vom Erfolg. Erfolg
20 durch Disziplin. Ist hier irgendjemand, der sich nicht für Macht und Erfolg interessiert?«

»Robert, wahrscheinlich«, meinte Brad und einige kicherten. [...]

»Also gut«, sagte er. »Disziplin beginnt mit der Haltung. Amy, komm bitte einmal her!«
25 Als Amy aufstand, murmelte Brian: »Die Vorzugsschülerin!« Üblicherweise hätte die Klasse darüber gelacht, aber jetzt grinsten nur ein paar, die anderen achteten nicht darauf. Alle fragten sich, was ihr Lehrer vorhaben mochte.

Als Amy sich vor den anderen auf den Stuhl gesetzt hatte, erklärte er ihr,
30 wie sie sitzen solle. »Kreuze die Hände auf dem Rücken und sitze absolut aufrecht. Merkst du, dass du jetzt leichter atmen kannst?«

Mehrere Schüler ahmten Amys Haltung nach. [...]

»Klasse!«, sagte er. »Ich möchte, dass ihr euch alle anseht, wie Robert sitzt. Die Beine sind parallel, die Füße berühren einander, die Knie sind in einem
35 Winkel von neunzig Grad gebeugt. Seht ihr, wie senkrecht seine Wirbelsäule ist? Das Kinn ist angezogen, der Kopf gehoben. Das ist sehr gut, Robert!«

Robert, der Prügelknabe der Klasse, sah seinen Lehrer an und lächelte kurz, dann verfiel er wieder in seine steife Haltung. Überall im Raum versuchten die Schüler, ihn nachzuahmen.

40 Ben ging nach vorn. »Gut. Und jetzt möchte ich, dass ihr alle aufsteht und in der Klasse auf- und abgeht. Sobald ich es befehle, kehrt jeder so schnell wie möglich an seinen Platz zurück und nimmt die soeben eingeübte Haltung ein. Los, aufstehen!«

Die Schüler standen auf und schlenderten durch die Klasse. Ben wusste,
45 dass er ihnen nicht zu viel Zeit geben durfte, weil sie sonst die nötige Konzentration verlieren würden. Deshalb sagte er bald: »Setzen!«

Die Schüler eilten an ihre Plätze. Es gab ein ziemliches Gewirr, man lief gegeneinander, einige lachten, aber das vorherrschende Geräusch war das der schurrenden Stuhlbeine, als die Schüler sich wieder setzten.

50 Ben schüttelte den Kopf. »Das war das wildeste Durcheinander, das ich je gesehen habe. Wir spielen hier nicht irgendein Spielchen, sondern machen eine Haltungs- und Bewegungsübung. Versuchen wir es noch einmal. Aber diesmal ohne Geschwätz. Je konzentrierter ihr seid, desto schneller werdet ihr eure Plätze erreichen. Fertig? Los, aufstehen!«

55 Zwanzig Minuten lang übte die Klasse aufzustehen, in scheinbarer Unordnung durch die Klasse zu schlendern, auf Befehl des Lehrers schnell an die Plätze zurückzukehren und die richtige Haltung einzunehmen. Ben gab seine Befehle nicht wie ein Lehrer, sondern wie ein Unteroffizier auf dem Kasernenhof. Sobald das reibungslos klappte,
60 baute Ben eine neue Schwierigkeit ein. Die Schüler mussten noch immer ihre Plätze verlassen und zu ihnen zurückkehren, doch, jetzt vom Flur her, und Ben stoppte die Zeit.

65 Beim ersten Versuch vergingen achtundvierzig Sekunden. Beim zweiten Mal gelang es in einer halben Minute. Vor dem letzten Versuch hatte David eine Idee.

Im Film entspricht Marco der Buchfigur David.

70 »Hört mal!«, sagte er zu seinen Mitschülern, als sie draußen auf den Befehl des Lehrers warteten. »Wir stellen uns gleich so auf, dass die ganz vorn stehen, die es bis zu ihrem Platz am weitesten haben. Dann laufen wir uns wenigstens nicht gegenseitig um.«

Die anderen stimmten zu. Als sie sich in der richtigen Reihenfolge aufge-
75 stellt hatten, bemerkten sie, dass Robert jetzt ganz vorn stand. »Der neue An-
führer der Klasse«, flüsterte einer, während sie auf das Zeichen warteten. Ben schnippte mit den Fingern, und die Reihe der Schüler eilte eifrig und still in den Raum. Als der letzte Schüler saß, stoppte Ben die Zeit. Er lächelte. »Sechzehn Sekunden!«

80 Die Klasse jubelte. [...]

»Und nun gibt es noch drei Regeln, die ihr zu beachten habt«, erklärte Ben.
»Erstens: Jeder muss Block und Kugelschreiber für Notizen bereithalten. Zwei-
tens: Wer eine Frage stellt oder beantwortet, muss aufstehen und sich neben seinen Stuhl stellen. Drittens: Jede Frage oder Antwort beginnt mit den Wor-
85 ten ›Mister Ross‹. Ist das klar?«

Alle nickten.

»Gut«, sagte Mr. Ross. »Brian, wer war britischer Premierminister vor Churchill?«

Brad blieb sitzen und kratzte sich hinter dem Ohr. »Hm, war das nicht …«
90 Doch ehe er mehr sagen konnte, unterbrach ihn Ben. »Falsch, Brad. Du hast die Regeln schon wieder vergessen, die ich gerade aufgestellt habe.« Er blickte zu Robert hinüber. »Robert, zeige du Brad, wie man eine Frage richtig beantwortet.«

Sofort stand Robert straff aufgerichtet neben seinem Stuhl. »Mister Ross!«
95 »Richtig!«, bestätigte der Lehrer. »Danke, Robert!«

»Ach, das ist doch blöd!«, murrte Brad.

»Aber bloß, weil du es nicht richtig gemacht hast«, sagte einer.

»Brad«, wiederholte Ben Ross, »wer
100 war Premierminister vor Churchill?«

[...]

Diesmal sprang Brad auf. »Mister Ross,
Chamberlain.«

Ben nickte zustimmend. »Jawohl, so
105 beantwortet man Fragen. Schnell, präzise
und mit Nachdruck. Andrea, in welches
Land fiel Hitler im September 1939 ein?«

Tim – ein Außenseiter wie Robert Billings.

Die Balletttänzerin Andrea stand steif neben ihrem Stuhl. »Mister Ross, ich weiß
110 es nicht.«

Im Buch Laurie, im Film Caro.

Mr. Ross lächelte. »Trotzdem ist es eine gute Antwort, weil du die richtige Form gewählt hast. Amy, weißt du es?«

Amy sprang auf. »Mister Ross, Polen!«

115 »Ausgezeichnet«, sagte Ben. »Brian, wie hieß Hitlers politische Partei?«

Brian stand schnell auf: »Mister Ross, die Nazis.«

Mister Ross nickte. »Das war gut, Brian. Sehr schnell. Weiß aber auch je-
120 mand den offiziellen Namen der Partei? Laurie?«

Laurie Saunders stellte sich neben ihren Stuhl. »Die Nationalsozialistische ...«

»Nein!«, unterbrach sie der Lehrer scharf und schlug mit einem Lineal auf sein Pult. »Noch einmal, aber korrekt, bitte ich mir aus!«

125 Laurie setzte sich, und ihr Gesicht verriet ihre Verwirrung. Was hatte sie denn falsch gemacht? David beugte sich zu ihr und flüsterte ihr etwas ins Ohr. Sie stand wieder auf. »Mister Ross, die Nationalsozialistische Deutsche Arbeiterpartei.«

»Richtig«, bestätigte Ben. [...]

130 Die Glocke läutete zum Ende der Stunde, doch in der Klasse verließ niemand seinen Platz. Noch ganz mitgerissen vom Fortschritt, den die Klasse heute erzielt hatte, erteilte Ben den letzten Befehl des Tages. »Heute Abend lest ihr das siebte Kapitel zu Ende und beginnt das Kapitel acht. Das ist alles. Wegtreten!«

135 Es sah aus, als stünde die Klasse in einer einzigen gemeinsamen Bewegung auf; dann eilten die Schüler in bemerkenswerter Ordnung hinaus.

2 Untersuche die Figur des Schülers Robert genauer. Trage alles zusammen, was du über ihn erfährst. Beschreibe und bewerte die Veränderung in seinem Verhalten.

3 Lest das Unterrichtsgespräch (Z. 81–129) mit verteilten Rollen. Übt so lange, bis Ausdruck und Tempo stimmen. Beschreibt anschließend, wie ihr euch in eurer Rolle gefühlt habt.

4 Tauscht euch darüber aus, was ihr unter Disziplin versteht.

1 Lies nun den Anfang dieser Szene aus dem Film und vergleiche Rainer Wenger mit der Lehrerfigur Ben Ross im Roman.

»Die Welle« – Der Film

Die Tische im Klassenraum stehen jetzt in ordentlichen Reihen.

Wenger Was hat jede Diktatur? Wir haben vorhin schon mal drüber gesprochen.

Kevin 'n Führer, Mann!

5 **Mona** Ein Führer?

Wenger Ja, Führer ist jetzt ein bisschen vorbelastet. Aber jede Diktatur hat eine zentrale Leitfigur. Spielen wir das Ganze mal durch. Also, wer könnte das hier bei uns sein?

Dennis Als Lehrer du natürlich.

10 **Wenger** Ich?

Dennis Wer denn sonst?

Wenger Ich dachte, irgendjemand von euch möchte mal den Ton angeben? [...]

Kevin Ich mach das. Ich werd' euer Führer.

Marco Vergiss es. Rainer, mach du das.

15 **Wenger** Okay, also stimmen wir ab. Wer ist dafür, dass ich während der Projektwoche eure Leitfigur bin? *(die meisten Schüler heben die Hand)*

Mona Und was soll das bringen?

Dennis Jetzt warte doch erst mal ab.

Wenger Oder anders gefragt: Wer ist dagegen? Gegenstimmen? *(Kevin meldet*
20 *sich)* Enthaltungen? *(Mona meldet sich)* Gut!

Kevin Heil Rainer!

(Dennis dreht sich missbilligend zu Kevin um)

Wenger So eine Leitfigur verdient natürlich auch Respekt. Deswegen möchte ich, dass ihr mich während der gesamten Zeit mit »Herr Wenger« an-

25 sprecht. *(Stimmengemurmel der Schülerinnen und Schüler)* [...] Und ab jetzt redet nur noch derjenige, dem ich das Wort erteile.

Dennis *(nicht ganz ernst)* Jawoll, Herr Wenger. [...]

Wenger Was ist denn noch wichtig in einer Diktatur?

30 **Tim** *(springt auf)* Disziplin, Herr Wenger.

Wenger Sehr gut, Tim.

(Wenger schreibt an die Tafel: Macht durch Disziplin)

Filmische Mittel des Erzählens einsetzen

Während in einem Buch zeitliche Abläufe, das historische Umfeld oder die Gedanken einer Figur beschrieben werden, muss der Film diese Aspekte auf andere Weise umsetzen. Deshalb gehören zu jedem Filmdreh genaue Vorüberlegungen und eine sorgfältige Nachproduktion (Post-Production). Wie du filmische Mittel beim Dreh einer Szene einsetzen kannst, erfährst du hier:

1. Vorüberlegungen anstellen
- einen geeigneten Drehort suchen (Tageszeit und Lichtverhältnisse bedenken)
- Erlaubnis einholen (z. B. bei Aufnahmen in öffentlichen Gebäuden)
- Rollen und Aufgaben (Kamera, Ton, Regie, Maske, Souffleuse) festlegen
- Requisiten (z. B. passende Kleidung, Frisuren) besorgen

2. Drehbuch erstellen
- Erzähltext in Szene umschreiben, zu den vorhandenen Dialogen weitere ergänzen, die wichtige Informationen aus dem Erzähltext beinhalten
- in einer Tabelle Handlung, Dialoge, Kameraeinstellungen und Hinweise auf Geräusche notieren

3. Filmszene drehen
- die Szene mehrfach von verschiedenen Seiten, Perspektiven (Vogel- oder Froschperspektive) und mit unterschiedlichen Kameraeinstellungen (Totale, Halbtotale, Nah, Porträt usw.) aufnehmen
- auf gute Tonqualität achten (Verständlichkeit der Sprecher, störende Nebengeräusche unterbinden, Wind bei Außenaufnahmen bedenken)

Regisseur Dennis Gansel bei den Dreharbeiten.

- mit Über- und Unterbeleuchtung arbeiten (Dunkelheit und Schatten sorgen für eine bedrohliche Stimmung, helles Licht für eine optimistische)
- Symbolik von Farben nutzen (Grün = Hoffnung, Weiß = Reinheit usw.)

4. Post-Production
- Schnitt (chronologisch in der Handlung oder mit Rückblenden)
- Montage (z. B. Schuss – Gegenschuss bei einem intensiven Gespräch)
- Geräusche einsetzen (z. B. atmosphärische Aufnahmen von einem Schulhof)
- passende Musik auswählen, auch das Tempo ist entscheidend

1 Lies den Fortgang des Experiments und fasse zusammen, wie sich das Verhalten der Klasse verändert hat.

Morton Rhue

Die Welle

Was am nächsten Tag geschah, empfand Ben als völlig ungewöhnlich. Diesmal kamen seine Schüler nicht nach dem Läuten allmählich in die Klasse geschlendert, sondern er selbst kam zu spät. Er hatte seine Notizen für den Unterricht und ein Buch über Japan im Wagen vergessen und musste vor
5 Stundenbeginn noch einmal zum Parkplatz laufen. Als er dann in die Klasse stürzte, erwartete er, eine Art Irrenhaus vorzufinden, doch er erlebte eine Überraschung.

Im Klassenzimmer standen fünf säuberliche Tischreihen von je sieben Tischen, und an jedem Platz saß ein Schüler in der steifen Haltung, die Ben
10 gestern »vorgeschrieben« hatte. Es herrschte Stille, und Ben ließ den Blick ein wenig ratlos durch die Klasse wandern. Sollte das ein Spaß sein? Hier und da sah er ein Gesicht, in dem sich das Lächeln nur mühsam versteckte, doch die meisten Gesichter verrieten Aufmerksamkeit, die Blicke waren starr geradeaus gerichtet, alle schienen sich zu konzentrieren. Einige Schüler sahen ihn
15 unsicher an, als warteten sie ab, ob er das Experiment weiterführen würde oder nicht. Sollte er? Es war eine so neue Erfahrung, und sie wich so sehr von der Norm ab, dass er sich unsicher fühlte. Was konnten die Schüler aus diesem

Versuch lernen? Was konnte er selber lernen? Ben spürte die Versuchung des Unbekannten und beschloss, dass es der Mühe wert sei, seinen Versuch fortzu-
20 setzen.

»Also«, sagte er und legte seine Notizen beiseite, »was geht hier vor?«

Seine Schüler blickten ihn unsicher an.

Ben schaute zur entfernten Seite des Raumes. »Robert?«

Robert Billings sprang auf. Sein Hemd steckte säuberlich im Gürtel, sein
25 Haar war gekämmt. »Mister Ross, Disziplin!«

»Ja, Disziplin«, stimmte Mr. Ross zu. »Aber das ist nur ein Teil von allem. Es gehört noch mehr dazu.« Er wandte sich zur Wandtafel und unter die gestri-gen Worte MACHT DURCH DISZIPLIN schrieb er:

GEMEINSCHAFT
30 Dann wandte er sich wieder der Klasse zu. »Gemeinschaft ist das Band zwi-schen Menschen, die für ein gemeinsames Ziel arbeiten und kämpfen. Das ist schon so, wenn man mit seinen Nachbarn eine Scheune baut.«

Ein paar Schüler lachten. Aber David war klar, was der Lehrer meinte. Ge-nau darüber hatte er gestern nach dem Unterricht nachgedacht. Es war so et-
35 was wie der Mannschaftsgeist, den das Footballteam brauchte.

»Es ist das Gefühl, Teil eines Ganzen zu sein, das wichtiger ist als man selbst«, erklärte Mr. Ross. »Man gehört zu einer Bewegung, einer Gruppe, ei-ner Überzeugung. Man ist einer Sache ganz ergeben ...«

»So eine Gemeinschaft ist gar nicht schlecht«, murmelte einer, doch seine
40 Nachbarn brachten ihn schnell zum Schweigen.

»Es ist genau wie mit der Disziplin: Um die Gemeinschaft ganz zu begrei-fen, muss man sie erfahren und daran teilhaben. Von diesem Augenblick an lauten unsere beiden Grundsätze:

MACHT DURCH DISZIPLIN
45 und

MACHT DURCH GEMEINSCHAFT

Und jetzt wiederholen alle diese beiden Grundsätze!«

Alle Schüler im Raum stellten sich neben ihre Plätze und sagten: »Macht durch Disziplin! Macht durch Gemeinschaft!«
50 Einige wenige Schüler, darunter Laurie und Brad, beteiligten sich nicht da-ran, sondern saßen verlegen auf ihren Stühlen, während Mr. Ross die Grund-sätze nochmals wiederholen ließ. Endlich stand Laurie auf, dann auch Brad. Jetzt stand die gesamte Klasse.

»Und nun brauchen wir ein Symbol für unsere neue Gemeinschaft«, er-
55 klärte Ben Ross. Er wandte sich wieder der Tafel zu, und nach kurzem Nach-

denken zeichnete er einen Kreis mit einer Wellenlinie darin. »Das soll unser Symbol sein. Eine Welle bedeutet Veränderung. In ihr vereinigen sich Bewegung, Richtung und Wucht. Von jetzt an trägt unsere Gemeinschaft, un-
60 sere Bewegung den Namen ›Die Welle‹.« Er schwieg einen Augenblick und betrachtete die Schüler, die unbewegt da-standen und alles hinnahmen, was er ihnen sagte. »Und das wird unser Gruß sein«, fuhr er dann fort, wölbte die rechte Hand wie eine Welle, führte sie an die linke Schulter, nach oben geöffnet. »Alle grüßen!«,
65 befahl er.

Alle führten den Gruß aus, wie er es gezeigt hatte, nur dass manche die rechte statt der linken Schulter berührten. »Noch einmal!«, befahl Ross, während er den Gruß selbst wiederholte und immer noch einmal ausführte, bis es alle richtig machten.

70 »Gut [...]. Dies ist unser Gruß und ausschließlich unser Gruß«, erklärte Ben. »Jedes Mal, wenn ihr ein Mitglied unserer Bewegung seht, werdet ihr es auf diese Weise grüßen. Robert, führe den Gruß aus und wiederhole unsere Grund-sätze!«

Robert sprang auf, grüßte und antwortete: »Mister Ross, Macht durch Diszi-
75 plin! Macht durch Gemeinschaft!«

»Sehr gut«, lobte Ben. »Peter, Amy und Eric! Grüßt und wiederholt unsere Grundsätze gemeinsam mit Robert.«

Die vier Schüler grüßten gehorsam und sagten im Chor: »Macht durch Dis-ziplin! Macht durch Gemeinschaft!«

80 »Brian, Andrea und Laurie«, befahl Mr. Ross, »wiederholt gemeinsam mit den anderen!«

Jetzt waren es schon sieben Schüler, dann vierzehn, dann zwanzig, bis die ganze Klasse grüßte [...]. Wie ein Regiment Soldaten, dachte Ben. Genau wie ein Regiment!

2 Erläutere mithilfe von Textstellen, welche symbolische Bedeutung der Name der Bewegung *Die Welle* hat. Wie spiegelt sich diese Bedeutung in dem Bildsymbol des Films (s. o.) wider?

3 Notiere, was die Schülerinnen und Schüler unter Gemeinschaft verstehen.

4 Schreibe den Textauszug so um, dass daraus eine Filmszene entsteht. Überlege zunächst, welche Dialoge du verwenden kannst und welche du dazuschreiben musst, damit die Szene auch ohne Erzähltext verständlich wird.

1 Lies das folgende Interview. Fasse die wichtigsten Aussagen zum Entstehen von Faschismus zusammen und bewerte sie.

Interview mit Regisseur Dennis Gansel

Süddeutsche Zeitung In Ihrem Film beginnt alles mit einer Projektwoche zum Thema »Autokratie«. Aber der zuständige Lehrer, der Herr Wenger, der ist gar nicht so ein diktatorischer Anführer […]. Heißt das, dass die Gruppe, oder eine Gruppenzugehörigkeit, allein schon fatal ist?

5 **Dennis Gansel** Nein, das hängt natürlich von den Gegebenheiten ab. Hier ist es ja so, dass die Schüler zuerst überzeugt sind, dass so etwas wie Faschismus nicht mehr möglich wäre. Sie beginnen das Experiment, um etwas Gutes zu bewirken, um für alle eine Gruppenzugehörigkeit zu schaffen, zum Beispiel. Das zeigt der Film anfangs: Schüler reden auf einmal miteinander,
10 Außenseiter werden integriert, unterschiedliche Cliquen arbeiten zusammen. Man streicht die positiven Sachen heraus und dann will man erzählen, wie sie umkippen. Das geht zurück auf die Diskussionen, die ich mit meiner Oma immer hatte, wenn wir aufs Dritte Reich kamen, bei denen sie dann sagte, es sei ja eigentlich auch ganz schön gewesen, mit BDM[1] und
15 Lagerfeuer und Reisen nach Kärnten. Genau das versucht der Film zu zeigen, dass das Ganze sehr verführerisch sein kann.

SZ Muss Gruppe notwendigerweise umschlagen in Mission, Gewalt, Unterdrückung?

Gansel Nein, natürlich gibt es ganz viele Gruppen, wo es nicht umschlägt.
20 Und für einen Film wäre es ungeschickt, wenn man von Anfang an merkt, dass furchtbare Dinge passieren werden. Also zeigen wir, dass es sich um eine Gruppe handelt, bei der zunächst alles super läuft, und irgendwann schlägt es um.

SZ Woran liegt es, dass es bei manchen Gruppen umschlägt?

25 **Gansel** Dass ein Sportverein zum Beispiel nicht umschlägt, liegt daran, dass er unpolitisch ist. Weil es da nicht so ein extremes Reglement gibt. Weil ich nicht meinen Sportverein für das einzig Wahre halte. Und das ist doch das, was der Politik zugrunde liegt: Politik will, wie Religion, für das einzig Wahre gehalten werden. Das ist das Gefährliche daran. […]

---

1 Abkürzung für *Bund Deutscher Mädel*, die Jugendorganisation für Mädchen im Nationalsozialismus

Die Bewegung der *Welle* hat den schulischen Alltag der Jugendlichen verändert. Die Gruppe wird immer größer und auch gefährlicher. Diejenigen, die nicht mitmachen möchten, werden bedroht. Doch langsam bildet sich auch Widerstand heraus …

Morton Rhue

Die Welle

Die Versammlung der *Welle* in der Turnhalle musste gleich beginnen, aber Laurie Saunders stand noch an ihrem Schrank und war nicht sicher, ob sie hingehen sollte. Sie konnte immer noch nicht in Worte fassen, was sie an der *Welle* störte, aber sie spürte den Widerspruch in sich wachsen. Irgendet-

5 was stimmte nicht. Der anonyme Brief von heute Morgen war ein Symptom. Nicht nur hatte ein älterer Schüler versucht, einen jüngeren zum Beitritt in die *Welle* zu zwingen. Es war mehr – die Tatsache, dass der Schüler nicht gewagt hatte, seinen Namen unter den Brief zu schreiben, die Tatsache, dass er davor Angst gehabt hatte. Seit Tagen hatte Laurie versucht, die Wichtigkeit

10 der *Welle* für sich selbst zu leugnen, aber es klappte nicht. Die *Welle* war furchterregend. Sie war sicher großartig, solange man ein Mitglied war, das keine Fragen stellte. War man das aber nicht …

Lauries Gedanken wurden von plötzlichem Geschrei auf dem Platz vor der Turnhalle unterbrochen. Sie trat ans Fenster und sah, dass zwei Jungen sich

15 prügelten, während andere rundum standen und sie lauthals anfeuerten. Laurie stockte fast der Atem. Einer der beiden Kampfhähne war Brian Ammon! Sie sah zu, wie die beiden sich gegenseitig mit Schlägen eindeckten und ungeschickt miteinander rangen, bis sie zu Boden stürzten. Was war da los?

Jetzt kam ein Lehrer herbeigelaufen und trennte die beiden Kämpfer. Er

20 packte jeden der beiden fest an einem Arm und zerrte sie mit sich. Wahrscheinlich brachte er sie zu Direktor Owens. Als er fortgeführt wurde, schrie Brian: »Macht durch Disziplin! Macht durch Gemeinschaft! Macht durch Handeln!«

Der andere Junge schrie zurück: »Ach, hör doch auf damit!«

»Hast du das gesehen?«

25 Die Stimme, die plötzlich hinter ihr war, erschreckte Laurie. Sie fuhr herum. Da stand David.

»Hoffentlich lässt Direktor Owens Brian danach noch an der Versammlung teilnehmen«, meinte David.

»Haben sie sich wegen der *Welle* geprügelt?«

30 David hob die Schultern. »Es steckt mehr dahinter. Dieser Bursche, gegen den Brian da gekämpft hat, ist ein Junior. Deutsch heißt er. Er ist schon das ganze Jahr scharf auf Brians Platz in der Mann-

35 schaft. Das alles hat sich schon seit Wochen zusammengebraut. Ich hoffe nur, dass er bekommen hat, was er verdient.«

»Aber Brian hat doch das *Wellen*motto gerufen«, meinte Laurie.

40 »Ja, sicher. Er gehört ja dazu. Wir alle gehören dazu.«

»Auch der Junge, mit dem er gekämpft hat?«

David schüttelte den Kopf. »Nein, Deutsch ist ein Außenseiter, Laurie. Wenn er zur *Welle* gehörte, dann würde er ja nicht versuchen, Brian seinen Platz in der Mannschaft zu stehlen. Dieser Bursche ist wirklich schädlich für

45 die Mannschaft. Hoffentlich wirft ihn Trainer Schiller hinaus.«

»Weil er nicht in der *Welle* ist?«, fragte Laurie.

»Ja! Wenn er wirklich das Beste für die Mannschaft wollte, dann würde er beitreten, ohne Brian das Leben schwerzumachen [...].« David schaute zur Uhr in der Halle. »Komm, wir müssen zur Versammlung. Sie fängt gleich an.«

50 In diesem Augenblick traf Laurie eine Entscheidung.

»Ich gehe nicht hin«, sagte sie.

»Was sagst du?«, fragte David erstaunt. »Warum denn nicht?«

»Weil ich nicht will.«

»Aber, Laurie, das ist eine unglaublich wichtige Versammlung«, erklärte

55 David. »Alle neuen Mitglieder werden dort sein.«

»David, ich glaube, dass du und alle anderen diese *Welle* ein bisschen zu ernst nehmen.«

David schüttelte den Kopf. »Nein, das tue ich nicht. Aber du nimmst sie nicht ernst genug. Schau mal, Laurie, du bist immer ein Führertyp gewesen.

60 Die anderen Schüler haben immer auf dich geschaut. Du musst einfach bei dieser Versammlung sein.«

»Aber das ist ja genau der Grund, aus dem ich nicht hingehe«, versuchte Laurie zu erklären. »Sie sollen sich ihre eigene Meinung über die *Welle* bilden. Sie sind Individuen. Sie brauchen mich nicht als Helferin.«

65 »Ich verstehe dich nicht«, sagte David.

»David, ich kann nicht glauben, wie verrückt plötzlich alle geworden sind. Die *Welle* übernimmt einfach die Macht über alles.«

»Ja, sicher«, bestätigte David. »Weil die *Welle* etwas Vernünftiges ist. Sie funktioniert. Alle gehören zum selben Team. Endlich einmal sind alle gleich!«

70 »Das ist ja fantastisch!«, erwiderte Laurie spöttisch. »Müssen wir dann vielleicht auch alle gemeinsam beim Football die Punkte machen?«

David trat zurück und betrachtete seine Freundin aufmerksam. So etwas hatte er nicht erwartet. Ganz gewiss nicht von Laurie. [...] »Weißt du«, sagte er, »du bist nur dagegen, weil du nichts Besonderes mehr bist. Weil du nicht

75 mehr die beste und beliebteste Schülerin der ganzen Klasse bist.«

»Das ist nicht wahr, und das weißt du genau!«, gab Laurie heftig zurück.

»Ich glaube, es ist doch wahr«, beharrte David. »Und jetzt weißt du, dass wir anderen in der Klasse es längst satthaben, immer nur dich die richtigen Antworten geben zu hören. Immer warst du die Beste. Was ist das denn für ein

80 Gefühl, wenn man es plötzlich nicht mehr ist?«

»Du bist wirklich dumm!«, schrie Laurie ihn an.

David nickte. »Also gut, wenn ich so dumm bin, warum suchst du dir dann nicht einen schlaueren Freund?« Er wandte sich ab und ging auf die Turnhalle zu.

85 Laurie sah ihm nach. Verrückt! dachte sie. Alles gerät aus den Fugen.

Nach allem, was Laurie hören konnte, musste die Versammlung ein Riesenerfolg sein. Sie verbrachte die Zeit im Redaktionsbüro. [...] Man musste sich verstecken, wenn man nicht dazugehörte!

Laurie nahm einen Kugelschreiber und kaute nervös daran. Sie musste et-

90 was tun. Die Schülerzeitung musste etwas tun. [...]

Die Tür öffnete sich, und Alex kam im Takt der Musik, die aus seinen Kopfhörern strömte, hereingetänzelt. [...]

Als Alex Laurie sah, lächelte er und nahm die Kopfhörer ab. »He, wie kommt es denn, dass du nicht bei der Truppe bist?«

95 Laurie schüttelte den Kopf. »So schlimm ist es ja nun noch nicht, Alex.«

Aber der grinste. »Meinst du? Wenn das so weitergeht, dann wird unsere Schule bald eine Art Kaserne sein.«

»Ich finde das gar nicht spaßig«, antwortete Laurie.

100 Alex hob die Schultern und verzog das Gesicht. »Laurie, du musst endlich einmal begreifen, dass man gegen das Lächerliche einfach nichts tun kann.«

»Gut, aber du meinst, dass die anderen so etwas wie Soldaten sind. Hast du dann keine Angst, dass du

105 auch eingezogen wirst?«, fragte Laurie.

Bomber hält Caro und Mona auf.

Alex grinste. »Ich?« Dann fuhr er mit furchterregenden Karateschlägen durch die Luft. »Einer von denen soll mir kommen, dann nehme ich ihn auseinander wie Kung Fu!«

Wieder öffnete sich die Tür, und diesmal kam Carl. Als er Laurie und Alex
110 sah, lächelte er. »Das sieht ja fast so aus, als wäre ich hier in Anne Franks Dachkammer geraten«, sagte er.

»Die letzten verkommenen Individuen«, antwortete Alex.

Carl nickte. »Das glaube ich auch. Ich komme gerade von der Versammlung.«

115 »Und sie haben dich tatsächlich rausgelassen?«, fragte Alex.

»Ich musste zur Toilette«, antwortete Carl.

»He, Mann«, sagte Alex. »Dann bist du hier aber ziemlich falsch.«

Carl grinste. »Von der Toilette aus bin ich hergekommen. Jeder Ort ist mir recht, wenn ich nur nicht wieder in diese Versammlung muss.«

120 »Dann tritt in unseren Club ein«, meinte Laurie.

»Vielleicht sollten wir uns einen Namen geben«, schlug Alex vor. »Da es die *Welle* schon gibt, können wir vielleicht das Gekräusel sein.«

»Was hältst du davon?«, fragte Carl.

»Von dem Namen Gekräusel?«

125 »Nein, von der *Welle.*«

»Ich meine, es wird höchste Zeit, dass wir die nächste Nummer unserer Schülerzeitung herausbringen.«

»Entschuldige, wenn ich meine nicht immer sehr ernsthafte Meinung einbringe«, sagte Alex, »aber wir sollten uns damit sehr beeilen, bevor sich auch
130 noch die übrigen Redakteure von dieser *Welle* fortschwemmen lassen.«

»Dann sagt den anderen Bescheid«, sagte Laurie. »Am Sonntag um zwei Uhr haben wir eine Sondersitzung bei mir zu Hause. Und sorgt nach Möglichkeit dafür, dass nur solche kommen, die nicht zur *Welle* gehören.«

1 Laurie und David streiten sich wegen der *Welle*. Beide nennen Gründe für und gegen die Organisation. Halte diese tabellarisch fest.

2 Überlegt, wie man Lauries Gedanken und Gefühle filmisch umsetzen könnte. Geht dabei auf Kameraeinstellung, Licht und Farbe ein.

3 Sieh dir die Umsetzung dieser Szene im Film an und bewerte sie.

4 Schreibe einen Zeitungsartikel, der sich gegen die Vereinnahmung aller Schülerinnen und Schüler durch die *Welle* richtet.

Fachübergreifendes

Magdalena Köster

Die Edelweißpiraten leisten Widerstand*

Für brave Bürger waren sie Störenfriede, für die Nazis eine Bande von Terroristen. Die Edelweißpiraten waren locker verbundene Jugendgruppen – vorwiegend aus der Arbeiterschicht –, die sich nach der Machtübernahme der Nazis vor allem im Rhein-Ruhr-Gebiet zusammenschlossen. Es gab keine or-
5 ganisierte Führung und auch kein klares politisches Programm. [...] Was die Edelweißpiraten zu Gegnern des Nazi-Regimes machte, war vor allem ihr Widerwille gegen jeden Zwang, gegen den eifernden Drill in der Hitler-Jugend, das allgemeine Katzbuckeln gegenüber den Führungsleuten, die ganze Atmosphäre von Angst und gegenseitiger Bespitzelung. Zur Protesthaltung der
10 Edelweißpiraten gehörten bewusst zusammengewürfelte Klamotten, bunte Manchesterhosen, karierte Hemden, weiße Kniestrümpfe und ein versteckt angebrachtes Edelweiß. Man schätzt, dass in den letzten Kriegsjahren mehrere Tausend Jugendliche zwischen 14 und 17 Jahren zu dieser Gruppe gehörten, dabei auffallend viele Mädchen, die keine Lust hatten auf das Nazi-Idol
15 vom »braven deutschen Mädchen mit blonden Zöpfen«.

Geschichtsforscher beschrieben die Bewegung später als »eine seltsame Mischung aus Hippie- und Jugendkultur, politischem Widerstand und pubertärem Imponiergehabe«. Für die Nazis aber waren die Edelweißpiraten Sand im Getriebe ihres Schreckenssystems. Die Gestapo überwachte ihre Aktionen
20 mit eigenen Streifendiensten, holte sie immer wieder zu Verhören und ließ sie gezielt zusammenschlagen. Viele wurden mehrmals ins Gefängnis oder so genannte Jugend-KZs gesteckt und auf brutale Weise misshandelt. [...]

Ein bisschen mehr von der Schnodderschnauze der Edelweißpiraten, ihrem Mut im Kampf gegen den Nazi-Terror hätten die Deutschen während der
25 Hitlerzeit sicher gut gebrauchen können. Stattdessen hielten sich die meisten Leute auch nach dem Krieg aus allem heraus und machten es so vielen Nazis möglich, sich wieder eine weiße Weste zu verschaffen und in die alten Berufe zurückzukehren. Viele der Edelweißpiraten aber wurden weiterhin ausgegrenzt und mussten um ihre Ehre kämpfen.

1 Fasse zusammen, was du über die Edelweißpiraten erfährst.

Kapitel 3
Die Welt im Gedicht

Oskar Kokoschka: London, Tower Bridge II, 1963

Mascha Kaléko

Mein schönstes Gedicht

Mein schönstes Gedicht ...
Ich schrieb es nicht.
Aus tiefsten Tiefen stieg es.
Ich schwieg es.

1 Lies das Gedicht von Mascha Kaléko. Überlege dir Gründe für das Schreiben und das Nicht-Schreiben von Gedichten.

2 Tauscht euch darüber aus, welche Themenbereiche der Lyrik euch ansprechen (z. B. Natur, Liebe) und welche Form ihr schön findet (z. B. traditionell, modern).

3 Der Maler Oskar Kokoschka lebte lange im Exil. Überlege, welchen Einfluss das auf sein künstlerisches Schaffen hatte. Informiere dich dazu über sein Leben und seine Bilder.

1 Lies zunächst die deutsche Übersetzung des Gedichts. Trage zusammen, wie das lyrische Ich das Leben als »Niemand« und »Jemand« beschreibt. Überlege, warum es sich als »Niemand« bezeichnet.

Emily Dickinson

Ich bin Niemand! Wer bist du?
Bist auch – Niemand – du?
Dann sind wir zwei ein Paar?
Sag nichts – Zeitung – Gefahr!

Wie langweilig – Jemand – zu sein!
Wie öffentlich – ein Froschdasein –
Das junilang – seinen Namen schreit –
Vor einem Sumpf der Eitelkeit!

Emily Dickinson

I'm Nobody! Who are you?
Are you – Nobody – too?
Then there's a pair of us!
Don't tell! They'd advertise – you know!

How dreary – to be – Somebody!
How public – like a Frog –
To tell one's name – the livelong June –
To an admiring Bog!

2 Vergleiche die deutsche Übersetzung mit dem englischen Original. Was wurde beim Übersetzen inhaltlich und formal beibehalten, was wurde verändert?

3 Schreibe ein Parallelgedicht zu den Vor- oder Nachteilen eines »Niemand«. Du kannst deinen Text auch auf Englisch schreiben.

Franco Biondi

Sprachfelder 1

In meinem Kopf
haben sich die Grenzen zweier Sprachen
verwischt

doch
5 zwischen mir
und mir

verläuft noch
der Trennzaun
der Wunden zurücklässt

10 jedesmal
wenn ich ihn
öffne

Erich Fried

Ungewiss

Aus dem Leben
bin ich
in die Gedichte gegangen
Aus den Gedichten
bin ich
ins Leben gegangen
Welcher Weg
wird am Ende
besser gewesen sein?

1 Wähle eines der Gedichte aus und erläutere, welches grundsätzliche Problem darin benannt wird. Überlege, welche Lebenserfahrung dadurch zum Ausdruck kommt.

2 Notiere, wie das lyrische Ich mit Sprache umgeht und welche Stimmung dies bei dir auslöst. Übe dann, das Gedicht wirkungsvoll vorzutragen.

3 Tauscht euch über die Bedeutung der beiden Titel aus. Stellt dazu einen Bezug zum Inhalt des jeweiligen Gedichts her.

4 Informiere dich über Franco Biondi und Erich Fried und prüfe, welche persönlichen Erfahrungen des Dichters jeweils verarbeitet wurden.

Ein Gedicht interpretieren

Um ein Gedicht genau zu verstehen, musst du dich intensiv mit ihm beschäftigen. Lies es mehrmals gründlich durch und notiere, was dir auffällt. Mithilfe der folgenden Checkliste kannst du Gedichte systematisch analysieren und interpretieren. Achte darauf, deine Aussagen immer mit Textbeispielen zu belegen.

Checkliste

		Analyse	Interpretation
Einleitung		Autor, Titel, Thema, Erscheinungsjahr nennen	vorläufige These zur Deutung (Interpretationshypothese) aufstellen
Hauptteil	**Inhalt**	strophenweise vorgehen	Zusammenhang mit Thema herstellen, auf Bedeutung des Titels eingehen
	Form	Strophen, Verse, Reim bestimmen	Wirkung beschreiben
	Sprache	Wortwahl, Satzbau untersuchen	Funktion für inhaltliche Aussage benennen
	Stil-mittel	sprachliche Bilder, Metapher, Personifizierung, Vergleich, Zeilensprung, Motiv usw. herausarbeiten	Bedeutung für das Gedicht ableiten
	Kontext	literarische Epoche, biografische Daten des Autors recherchieren	Niederschlag im Gedicht prüfen
Schluss		Ergebnisse kurz zusammenfassen	Interpretationsergebnis benennen

1 Fertige eine schriftliche Interpretation zu einem der Gedichte auf S. 53 an. Nutze deine Vorarbeiten aus den Aufgaben 1 bis 4.

1 Lies das Gedicht mehrmals durch und notiere alles, was dir zu Inhalt, Form und sprachlicher Gestaltung auffällt.

Heinz Kahlau

Ein Tag wie ein Wunder

Niemand wollte etwas von mir.
Ich konnte hingehn zu denen,
die Häuser bauten,
die Obst pflückten,
5 die mit den Kindern spielten.
Bei denen allen konnte ich
tätig sein.
Niemand wollte meinen Ausweis sehn.
Niemand wollte wissen,
10 wie ich etwas gemacht habe.
Und am Abend durfte ich schweigen,
oder singen,
oder erzählen –
wie es mir einfiel.
15 Meinen Namen wussten sie nicht.
Meine Heimat spielte keine Rolle.
Mein Beruf war ihnen egal.
Ich war irgendeiner für sie,
irgendeiner von ihnen.
20 Das war ein Tag wie ein Wunder.

2 Benenne das Thema und formuliere eine Interpretationshypothese. Achte dabei auf das Verhalten des lyrischen Ichs und die Reaktion seiner Mitmenschen. Analysiere und interpretiere dann das Gedicht, indem du die Checkliste auf S. 54 anwendest.

3 Informiere dich im Anhang über die Lebensdaten des Autors und ordne das Gedicht in den historischen Zusammenhang ein.

4 Verfasse eine zusammenhängende Gedichtinterpretation.

Mahmoud Darwish

Er ist ruhig, ich auch

Er ist ruhig
Ich auch
Er trinkt seinen Tee mit Zitrone
Ich trinke meinen Kaffee
5 (Das unterscheidet uns)
Er trägt wie ich ein weites kariertes Hemd
Ich blättere wie er in einer Monatszeitschrift
Er sieht mich nicht, wenn ich ihn heimlich beobachte
Ich sehe ihn nicht, wenn er mich beobachtet
10 Er ist ruhig
Ich auch
Er sagt etwas zum Kellner
Ich sage zum Kellner etwas
Eine schwarze Katze läuft zwischen ihm und mir
15 Ich streichle den Pelz ihrer dunklen Nacht
Er streichelt ihres Pelzes dunkle Nacht
Ich sage ihm nicht: Der Himmel ist heute klar und blau
Er sagt mir nicht: Der Himmel ist heute blau und klar
Er ist Spiegel und Blick
20 Blick und Spiegel bin ich
Ich bewege mein linkes Bein
Er bewegt sein rechtes Bein
Ich summe eine Melodie
Er summt ein ähnliches Lied
25 Ich denke: Ist er der Spiegel, in dem ich mich erblicke?
Dann schaue ich nach seinen Augen, aber
Ich sehe ihn nicht
Eilig verlasse ich das Café
Ich denke: Vielleicht ist er ein Mörder oder jemand
30 Der mich für einen Mörder hält
Er hat Angst
Ich auch

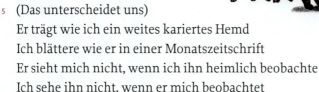

Zehra Cirak

Länderkunde

Ein gehend Stück barfüß
einlaufend fürbass

Ein Wanderer
ein Wand er er
5 ein Wander er
Einwand erer
Einwander er
Einwanderer
Ein-
10 w
anderer

Adel Karasholi

Eilende Winde

Und also sprach Abdullah zu mir
Stelle dem Fremden einen Stuhl hin
Decke dem Fremden einen Tisch
Bringe dem Fremden zu essen herbei und zu trinken
5 Und er sprach
Halte dein Ohr geneigt, wenn ein Fremder spricht
Nimm in deine Hände die seinen
Denn sie zittern vor Kälte noch
Und er sprach
10 Vielleicht beschuhst auch du eines Tages
Deine Füße wie er
Mit eilenden Winden

1 Lies die drei Gedichte auf dieser Doppelseite und überlege, welches Thema sie miteinander verbindet.

2 Analysiert und interpretiert eines der Gedichte. Nutzt dazu die Methodenseite (S. 54) und die Lebensdaten der Dichter im Anhang.

3 Informiere dich über das Leben und Schaffen der drei Dichter. Stelle einen Bezug zwischen den persönlichen Lebensumständen und den Aussagen der Gedichte her.

Wolfgang Hilbig

›lasst mich doch‹

lasst mich doch
lasst mich in kalte fremden gehen

zu hause
sink ich
5 in diesen warmen klebrigen brei
der kaum noch durchsichtig ist
der mich festhält der mich so
festhält

lasst mich in die einsame fremde
10 dort will ich um mich haun
mit meinem schatten fechten dass
hiebe pfeifen in wasserklarer luft
hier würgt mich stille
hier saugt zäher brei an meiner hand

15 lasst mich
wo die sicht klar ist
oder in steine in hohe steinwände in
mauern für meinen schädel – –

1 Überlege, welcher Mensch das lyrische Ich sein könnte und in welcher Situation er sich befindet. Belege deine Aussagen am Text.

2 Untersuche die sprachlichen Bilder. Was wird in ihnen zum Ausdruck gebracht und welche Wirkung erzielen sie?

3 Vergleicht das Gedicht mit den Gedichten auf S. 55–57. Inwiefern wird die Fremde hier anders dargestellt?

4 Beschreibe, welche Stimmung das Gedicht in dir auslöst. Übe dann einen wirkungsvollen Gedichtvortrag und stelle ihn der Klasse vor.

Heinrich Heine, der wegen der politischen Verhältnisse in Deutschland 1831 nach Frankreich ausgewandert war, sehnte sich immer nach seiner Heimat zurück. Im Herbst 1843 reiste er nach Deutschland. Seine Erfahrungen verarbeitete er in einem satirischen Versepos in 27 Kapiteln. Das erste Kapitel (Caput) beginnt mit dem Grenzübertritt.

1 Lies den Anfang von Caput I und fasse zusammen, welche Gedanken und Gefühle das lyrische Ich bewegen.

Heinrich Heine

Deutschland. Ein Wintermärchen

Caput I

Im traurigen Monat November war's,
Die Tage wurden trüber,
Der Wind riss von den Bäumen das Laub,
Da reist' ich nach Deutschland hinüber.

5 Und als ich an die Grenze kam,
Da fühlt' ich ein stärkeres Klopfen
In meiner Brust, ich glaube sogar,
Die Augen begunnen zu tropfen.

Und als ich die deutsche Sprache vernahm,
10 Da ward mir seltsam zu Mute;
Ich meinte nicht anders, als ob das Herz
Recht angenehm verblute.

Ein kleines Harfenmädchen sang.
Sie sang mit wahrem Gefühle
15 Und falscher Stimme, doch ward ich sehr
Gerühret von ihrem Spiele.

Sie sang von Liebe und Liebesgram,
Aufopfrung und Wiederfinden
Dort oben in jener besseren Welt,
20 Wo alle Leiden schwinden.

Sie sang vom irdischen Jammertal,
von Freuden, die bald zerronnen,
Vom Jenseits, wo die Seele schwelgt
Verklärt in ew'gen Wonnen.

25 Sie sang das alte Entsagungslied,
Das Eiapopeia vom Himmel,
Womit man einlullt, wenn es greint,
Das Volk, den großen Lümmel.

Ich kenne die Weise, ich kenne den Text,
30 Ich kenn auch die Herren Verfasser;
Ich weiß, sie tranken heimlich Wein
Und predigten öffentlich Wasser.

Ein neues Lied, ein besseres Lied,
O Freunde, will ich euch dichten!
35 Wir wollen hier auf Erden schon
Das Himmelreich errichten.

Wir wollen auf Erden glücklich sein
Und wollen nicht mehr darben;
Verschlemmen soll nicht der faule Bauch,
40 Was fleißige Hände erwarben.

Es wächst hienieden[1] Brot genug
Für alle Menschenkinder,
Auch Rosen und Myrten, Schönheit und Lust
Und Zuckererbsen nicht minder.

1 auf dieser Welt

⁴⁵ Ja, Zuckererbsen für jedermann,
Sobald die Schoten platzen!
Den Himmel überlassen wir
Den Engeln und den Spatzen.

Und wachsen uns Flügel nach dem Tod,
⁵⁰ So wollen wir euch besuchen
Dort oben und wir essen mit euch
Die seligsten Torten und Kuchen.

Ein neues Lied, ein besseres Lied,
Es klingt wie Flöten und Geigen!
⁵⁵ Das Miserere² ist vorbei,
Die Sterbeglocken schweigen.

2 ein christliches Bußgebet

2 Teile den Textauszug in drei Sinneinheiten ein und fasse deren Inhalt in wenigen Sätzen zusammen.

3 Vergleiche das Lied des Harfenmädchens mit dem Lied, das das lyrische Ich dichten möchte.

4 In Heines Versepos gibt es viele ausdrucksstarke sprachliche Bilder wie Personifizierungen, Metaphern oder Vergleiche. Suche dafür jeweils Beispiele und erläutere ihre Bedeutung.

Wisława Szymborska

Beitrag zur Statistik

Auf hundert Menschen

zweiundfünfzig,
die alles besser wissen,

dem fast ganzen Rest
5 ist jeder Schritt zu vage,

Hilfsbereite,
wenn's nicht zu lange dauert,
gar neunundvierzig,

beständig Gute,
10 weil sie's nicht anders können,
vier, na sagen wir fünf,

die zur Bewunderung ohne Neid neigen,
achtzehn,

die durch die Jugend, die vergängliche,
15 Irregeführten,
plus minus sechzig,

die keine Scherze dulden,
vierundvierzig,

die ständig in Angst leben
20 vor jemand oder etwas,
siebenundsiebzig,

die das Talent haben glücklich zu sein,
kaum mehr als zwanzig, höchstens,

die einzeln harmlos sind
25 und in der Masse verwildern,
über die Hälfte, sicher,

Grausame,
von den Umständen dazu gezwungen,
das sollte man lieber nicht wissen,
30 nicht einmal annäherungsweise,

die nach dem Schaden klug sind,
nicht viel mehr
als die vor dem Schaden klug sind,

die vom Leben nichts als Gegenstände nehmen,
35 dreißig,
obwohl ich mich gerne irren würde,

Gebrochene, Leidgeprüfte,
Ohne ein Licht im Dunkel,
dreiundachtzig,
40 früher oder später,

Gerechte
recht viel, denn fünfunddreißig,

sollte es die Mühe des Verstehens kosten,
drei,

45 Bemitleidenswerte
neunundneunzig,

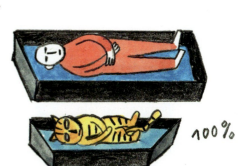

Sterbliche
hundert auf hundert.
Eine Zahl, die sich vorerst nicht ändert.

1 Ordne in einer Tabelle den genannten Eigenschaften die entsprechenden Prozentzahlen zu. Stelle dies dann in Form eines Balkendiagramms dar.

2 Tauscht euch darüber aus, welchen Aussagen ihr aufgrund eurer Lebenserfahrung zustimmen könnt. Welche Aussagen haben euch überrascht?

Fachübergreifendes

Fremdsprachige Gedichte übersetzen

Gedichte sind nicht einfach zu übersetzen, denn in ihnen wirken drei unterschiedliche Aspekte zusammen:

- die Bedeutung der verwendeten Wörter und Sprachbilder,
- die formale Gestaltung, beispielsweise Reim und Rhythmus,
- die Lautgebung, d.h. der Klang beim Hören des Gedichts.

In einem Gedicht sind diese drei Aspekte auf kunstvolle Art miteinander verknüpft und ihr Zusammenwirken erzeugt beim Lesen oder Hören einen bestimmten Eindruck. Eine Übersetzung kann deshalb immer nur eine Annäherung an das Original sein, weil sich z.B. die übersetzten Wörter nicht reimen, weil es die verwendeten Stilmittel (Metaphern, Redewendungen o.Ä.) in der anderen Sprache nicht gibt oder sich kein Gleichklang am Wortanfang einstellt. Dann muss der Übersetzer abwägen, ob er zugunsten des Reims oder Klangs nur eine sinngemäße Übertragung vornimmt.

1 Analysiere zunächst das folgende Gedicht, indem du alle drei Aspekte berücksichtigst. Überlege anschließend, was bei einer Übersetzung erhalten bleiben soll.

Johann Wolfgang von Goethe

Wandrers Nachtlied

Über allen Gipfeln
Ist Ruh,
In allen Wipfeln
Spürest du
Kaum einen Hauch;
Die Vögelein schweigen im Walde.
Warte nur, balde
Ruhest du auch.

2 Lies nun die beiden Übersetzungen bzw. lass sie dir vorlesen und ins Deutsche zurückübersetzen. Prüfe dann, wie die drei Aspekte umgesetzt wurden.

Михаил Юрьевич Лермонтов / Michail Lermontow

Из Гёте / Aus Goethe

Горные вершины
спят во тьме ночной;
Тихие долины
Полны свежей мглой;
Не пылит дорога,
Не дрожат листы ...
Подожди немного,
Отдохнёшь и ты.

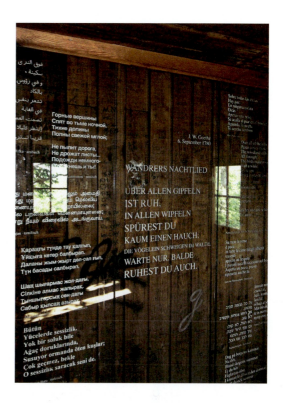

John Whaley

Wanderer's Evening Song

Over all the hills
Peace comes anew,
The woodland stills
All through;
The birds make no sound on the bough.
Wait a while
Soon now
Peace comes to you.

 3 Recherchiere im Internet eine weitere Übersetzung von Goethes Gedicht. Wähle eine Sprache aus, die du selbst beherrschst oder die Verwandte oder Freunde sprechen. Prüfe dann, wie die drei Aspekte bei der Übersetzung umgesetzt wurden.

1 Lies die beiden Gedichte auf dieser Doppelseite und benenne das Thema, das sie
miteinander verbindet.

Marina Zwetajewa

Für S. E.

Auf Schiefertafeln schrieb ichs, ließ die Hand
Es auf die Fältchen welker Fächer schreiben,
Schriebs in den Fluss und in den Meeressand,
5   Aufs Eis mit Schlittschuhn, mit dem Ring auf Scheiben, –

In Bäume, die schon hundert Jahre leben.
Und mit dem Regenbogen setzte ich
Die Unterschrift, es allen preiszugeben,
Ans Firmament: Ich liebe, liebe, liebe dich!

10   Wie wünschte ich, dass jeder mit mir blühte –
An meinen Fingern! – ewig, ohnegleichen?
Und dann: wie ich, die Stirn gesenkt, mich mühte,
Mit einem Kreuz den Namen auszustreichen.

Du, der in eines Schreibers Hand Gelegte,
15   Stichst mir ins Herz – sie presst dich, käuflich, feil!
Du, nicht von mir verkauft, der *in* den Ring Geprägte![1]
Bleibst auf den Tafeln des Gesetzes heil.

1 bezieht sich darauf, dass auf der Innenseite ihres Traurings der Name ihres
   Ehemannes Sergej Efron und das Datum der Hochzeit eingraviert waren.

Alexander Puschkin

An ***

O frag doch nicht, warum oft unter Scherzen
Der Trübsinn jäh und hart mich überfällt,
Warum mein Blick dann dunkelt voller Schmerzen
Und ich verzweifle an der lieben Welt;

5 O frag doch nicht, warum ich kalt verschmähe
Der Liebe Freude und der Liebe Qual,
Warum ich meide jedes Mädchens Nähe ...
Wer einmal liebte, liebt nicht noch einmal,

Vergangnes Glück kann nie mehr wiederkehren!
10 Und jede Liebe welkt dann vor der Zeit;
Von allen Freuden, allen Liebesmären
Bleibt nur die Wehmut uns als Trost im Leid.

2 Vergleicht, wie in beiden Gedichten das Thema inhaltlich und sprachlich gestaltet
wird.

3 Wähle eines der Gedichte aus und interpretiere es. Orientiere dich dabei an der
Checkliste (S. 54). Die Lebensdaten der beiden russischen Autoren findest du im
Anhang.

4 Präsentiere der Klasse deine Interpretationsergebnisse. Trage davor das Gedicht
wirkungsvoll vor.

1 Lies die beiden Gedichte. Notiere aus jedem eine Aussage über das menschliche Leben und erläutere, wie du sie verstehst.

Andreas Gryphius

Es ist alles eitel

Du siehst, wohin du siehst, nur Eitelkeit[1] auf Erden.
Was dieser heute baut, reißt jener morgen ein;
Wo itzund Städte stehn, wird eine Wiese sein,
Auf der ein Schäferskind wird spielen mit den Herden.

5   Was itzund prächtig blüht, soll bald zutreten werden.
Was itzt so pocht und trotzt, ist morgen Asch und Bein:
Nichts ist, das ewig sei, kein Erz, kein Marmorstein.
Itzt lacht das Glück uns an, bald donnern die Beschwerden.

Der hohen Taten Ruhm muss wie ein Traum vergehn.
10   Soll denn das Spiel der Zeit, der leichte Mensch, bestehn?
Ach, was ist alles dies, was wir vor köstlich achten,

Als schlechte Nichtigkeit, als Schatten, Staub und Wind,
Als eine Wiesenblum, die man nicht wiederfind't!
Noch will, was ewig ist, kein einig Mensch betrachten!

1 Wortbedeutung zur Entstehungszeit des Gedichts (1663): Nichtigkeit, Vergeblichkeit

Paul Fleming

An sich

Sei dennoch unverzagt, gib dennoch unverloren,
Weich keinem Glücke nicht, steh höher als der Neid,
Vergnüge dich an dir und acht es für kein Leid,
Hat sich gleich wider dich Glück, Ort und Zeit verschworen.

5 Was dich betrübt und labt, halt alles für erkoren[1],   1 auserwählt
Nimm dein Verhängnis an, lass alles unbereut.
Tu, was getan muss sein, und eh man dir's gebeut[2].   2 gebietet
Was du noch hoffen kannst, das wird noch stets geboren.

Was klagt, was lobt man doch? Sein Unglück und sein Glücke
10 Ist ihm ein jeder selbst. Schau alle Sachen an:
Dies alles ist in dir. Lass deinen eitlen Wahn,

Und eh du förder[3] gehst, so geh in dich zurücke.   3 vorwärts
Wer sein selbst Meister ist und sich beherrschen kann,
Dem ist die weite Welt und alles untertan.

2 Vergleicht in den Gedichten die Sicht auf das menschliche Leben.

3 Bei beiden Gedichten handelt es sich um ein Sonett. Untersuche die Form
(Strophen, Reim) und leite aus den Gemeinsamkeiten eine Definition ab. Prüfe sie
mit dem Merkwissen.

4 Wähle eines der Gedichte aus und verfasse eine Gedichtinterpretation. Formuliere
zunächst eine Interpretationshypothese. Orientiere dich an der Checkliste (S. 54).

Arthur Rimbaud

Empfindung

Durch Sommerabendbläue werd ich gehn,
lass mich von Ähren kratzen, fort durch Wiesen:
Ich geh, ein Träumer, fühl am Fuß ihr Wehn,
den bloßen Kopf tauch ich in kühle Brisen.

Ich denke nichts, verschlossen bleibt mein Mund:
Und doch wird Liebe tief in mir erwachen;
durch die Natur geh ich, ein Vagabund,
wie eine Frau wird sie mich glücklich machen.

Arthur Rimbaud

Sensation

Par les soirs bleus d'été, j'irai dans les sentiers,
Picoté par les blés, fouler l'herbe menue:
Rêveur, j'en sentirai la fraîcheur à mes pieds.
Je laisserai le vent baigner ma tête nue.

Je ne parlerai pas, je ne penserai rien:
Mais l'amour infini me montera dans l'âme,
Et j'irai loin, bien loin, comme un bohémien,
Par la Nature, – heureux comme avec une femme.

1 Lies das Gedicht auf deutsch und, wenn möglich, auch im Original bzw. lass es dir
vorlesen.

2 Übersetze das Gedicht wörtlich aus dem Französischen und vergleiche dein
Ergebnis mit der Nachdichtung. Nutze dazu auch die Seiten 66–67.

3 Lies nun das folgende Gedicht und vergleiche es mit dem Gedicht von Rimbaud. Benenne dabei das Thema und gehe jeweils auf die inhaltliche und sprachliche Gestaltung ein.

Hermann Hesse

Im Nebel

Seltsam, im Nebel zu wandern!
Einsam ist jeder Busch und Stein,
Kein Baum sieht den andern,
Jeder ist allein.

5 Voll von Freunden war mir die Welt,
Als noch mein Leben licht war;
Nun, da der Nebel fällt,
Ist keiner mehr sichtbar.

Wahrlich, keiner ist weise,
10 Der nicht das Dunkel kennt,
Das unentrinnbar und leise
Von allen ihn trennt.

Seltsam, im Nebel zu wandern!
Leben ist Einsamsein.
15 Kein Mensch kennt den andern,
Jeder ist allein.
R

 4 Formuliert zu beiden Gedichten eine Interpretationshypothese, in der ihr das Verhältnis des lyrischen Ichs zur Natur und zum Leben bestimmt.

5 Wähle eines der Gedichte aus und interpretiere es. Orientiere dich bei deiner Auseinandersetzung mit Inhalt und Form des Gedichts an der Checkliste (S. 54). Suche passende Textbelege.

Rose Ausländer

Gemeinsam

Vergesset nicht
Freunde
wir reisen gemeinsam

besteigen Berge
5 pflücken Himbeeren
lassen uns tragen
von den vier Winden

Vergesset nicht
es ist unsre
10 gemeinsame Welt
die ungeteilte
ach die geteilte

die uns aufblühen lässt
die uns vernichtet
15 diese zerrissene
ungeteilte Erde
auf der wir
gemeinsam reisen

Achim von Arnim

Auf der Durchreise

Flüchtiger Schnee
Sprühende Funken
Wie ich euch seh
Seid ihr versunken
Flüchtige sprühende Blicke
Bleibet vom Fenster zurücke
Glühend vereise
Ich auf der Reise.

1 In beiden Gedichten ist vom Reisen die Rede. Doch geht es hier nicht um einen Urlaub. Erläutere, wofür das Reisen steht. Formuliere eine Interpretationshypothese.

2 Analysiere, wie die inhaltliche Aussage der Gedichte sprachlich und formal umgesetzt wird.

 3 Schreibe selbst ein Gedicht, das die Reise im übertragenen Sinne thematisiert.

Kapitel 4
Geschichten, die das Leben schreibt

Wichtig sind nicht die Dinge, die wir besitzen, sondern die, die wir erleben. Die kann uns keiner mehr nehmen.

1 Setzt euch mit dem Zitat auseinander und überlegt, ob es zutreffend ist.

2 Wähle eines der Fotos aus und erzähle eine Geschichte zu der abgebildeten Situation.

3 Befrage deine Eltern und Verwandten nach so genannten Familiengeschichten und schreibe sie auf. Lass dir dazu auch Fotos zeigen.

1 Lies die Kurzgeschichte und erläutere den Zusammenhang zwischen dem Handlungsablauf und der Küchenuhr. Welche Bedeutung hat die Uhr?

Wolfgang Borchert

Die Küchenuhr

Sie sahen ihn schon von Weitem auf sich zukommen, denn er fiel auf. Er hatte ein ganz altes Gesicht, aber wie er ging, daran sah man, dass er erst zwanzig war. Er setzte sich mit seinem alten Gesicht zu ihnen auf die Bank. Und dann zeigte er ihnen, was er in der Hand trug.

5　　Das war unsere Küchenuhr, sagte er und sah sie alle der Reihe nach an, die auf der Bank in der Sonne saßen. Ja, ich habe sie noch gefunden. Sie ist übrig geblieben.

Er hielt eine runde tellerweiße Küchenuhr vor sich hin und tupfte mit dem Finger die blau gemalten Zahlen ab.

10　　Sie hat weiter keinen Wert, meinte er entschuldigend, das weiß ich auch. Und sie ist auch nicht so besonders schön. Sie ist nur wie ein Teller, so mit weißem Lack. Aber die blauen Zahlen sehen doch ganz hübsch aus, finde ich. Die Zeiger sind natürlich nur aus Blech. Und nun gehen sie auch nicht mehr.

Nein. Innerlich ist sie kaputt, das steht fest. Aber sie sieht noch aus wie immer.

15 Auch wenn sie jetzt nicht mehr geht.

Er machte mit der Fingerspitze einen vorsichtigen Kreis auf dem Rand der Telleruhr entlang. Und er sagte leise: Und sie ist übrig geblieben.

Die auf der Bank in der Sonne saßen, sahen ihn nicht an. Einer sah auf seine Schuhe und die Frau sah in ihren Kinderwagen. Dann sagte jemand:

20 Sie haben wohl alles verloren?

Ja. Ja, sagte er freudig, denken Sie, aber auch alles. Nur sie hier, sie ist übrig. Und er hob die Uhr wieder hoch, als ob die anderen sie noch nicht kannten.

Aber sie geht doch nicht mehr, sagte die Frau.

Nein, nein, das nicht. Kaputt ist sie, das weiß ich wohl. Aber sonst ist sie

25 doch noch ganz wie immer: weiß und blau. Und wieder zeigte er ihnen seine Uhr. Und was das Schönste ist, fuhr er aufgeregt fort, das habe ich Ihnen ja noch überhaupt nicht erzählt. Das Schönste kommt nämlich noch: Denken Sie mal, sie ist um halb drei stehen geblieben. Ausgerechnet um halb drei, denken Sie mal.

30 Dann wurde Ihr Haus sicher um halb drei getroffen, sagte der Mann und schob wichtig die Unterlippe vor. Das habe ich schon oft gehört. Wenn die Bombe runtergeht, bleiben die Uhren stehen. Das kommt von dem Druck.

Er sah seine Uhr an und schüttelte überlegen den Kopf. Nein, lieber Herr, nein, da irren Sie sich. Das hat mit den Bomben nichts zu tun. Sie müssen

35 nicht immer von den Bomben reden. Nein. Um halb drei war ganz etwas anderes, das wissen Sie nur nicht. Das ist nämlich der Witz, dass sie gerade um halb drei stehen geblieben ist. Und nicht um Viertel nach vier oder um sieben. Um halb drei kam ich nämlich wieder nach Hause. Nachts, meine ich. Fast immer um halb drei. Das ist ja gerade der Witz.

40 Er sah die anderen an, aber die hatten ihre Augen von ihm weggenommen. Er fand sie nicht. Da nickte er seiner Uhr zu. Dann hatte ich natürlich Hunger, nicht wahr? Und ich ging immer gleich in die Küche. Da war es dann fast immer halb drei. Und dann, dann kam nämlich meine Mutter. Ich konnte noch so leise die Tür aufmachen, sie hat mich immer gehört. Und wenn ich in der

45 dunklen Küche etwas zu essen suchte, ging plötzlich das Licht an. Dann stand sie da in ihrer Wolljacke und mit einem roten Schal um. Und barfuß. Immer barfuß. Und dabei war unsere Küche gekachelt. Und sie machte ihre Augen ganz klein, weil ihr das Licht so hell war. Denn sie hatte ja schon geschlafen. Es war ja Nacht.

50 So spät wieder, sagte sie dann. Mehr sagte sie nie. Nur: So spät wieder. Und dann machte sie mir das Abendbrot warm und sah zu, wie ich aß. Dabei scheu-

erte sie immer die Füße aneinander, weil die Kacheln so kalt waren. Schuhe zog sie nachts nie an. Und sie saß so lange bei mir, bis ich satt war. Und dann hörte ich sie noch die Teller wegsetzen, wenn ich in meinem Zimmer schon
55 das Licht ausgemacht hatte. Jede Nacht war es so. Und meistens um halb drei. Das war ganz selbstverständlich, fand ich, dass sie mir nachts um halb drei in der Küche das Essen machte. Ich fand das ganz selbstverständlich. Sie tat das ja immer. Und sie hat nie mehr gesagt als: So spät wieder. Aber das sagte sie jedes Mal. Und ich dachte, das könnte nie aufhören. Es war mir so selbstver-
60 ständlich. Das alles. Es war doch immer so gewesen.

Einen Atemzug lang war es ganz still auf der Bank. Dann sagte er leise: Und jetzt? Er sah die anderen an. Aber er fand sie nicht. Da sagte er der Uhr leise ins weiß-blaue runde Gesicht: Jetzt, jetzt weiß ich, dass es das Paradies war. Das richtige Paradies.
65 Auf der Bank war es ganz still. Dann sagte die Frau: Und Ihre Familie?

Er lächelte sie verlegen an: Ach, Sie meinen meine Eltern? Ja, die sind auch mit weg. Alles ist weg. Alles, stellen Sie sich vor. Alles weg.

Er lächelte verlegen von einem zum anderen. Aber sie sahen ihn nicht an.

Da hob er wieder die Uhr hoch und er lachte. Er lachte: Nur sie hier. Sie ist
70 übrig. Und das Schönste ist ja, dass sie ausgerechnet um halb drei stehen geblieben ist. Ausgerechnet um halb drei.

Dann sagte er nichts mehr. Aber er hatte ein ganz altes Gesicht. Und der Mann, der neben ihm saß, sah auf seine Schuhe. Aber er sah seine Schuhe nicht. Er dachte immerzu an das Wort Paradies.

2 Ordne die Geschichte zeitlich ein. Wann spielt sie und woran erkennst du das?

3 Weist nach, dass es sich hier um eine Kurzgeschichte handelt. Wiederholt dazu bei Bedarf die Merkmale einer Kurzgeschichte.

4 Schreibe die Geschichte so um, dass sie aus der Ich-Perspektive einer der Figuren (oder der Küchenuhr) erzählt wird.

5 Überarbeite deine Geschichte, gehe dabei auf die Gefühlswelt der Figur ein und ergänze innere Monologe.

István Örkény

Zu Hause

Das Mädchen war erst vier Jahre alt, und sicherlich waren seine Erinnerungen verschwommen. Um ihm die bevorstehende Änderung bewusstzumachen, ging seine Mutter mit ihm an den Stacheldrahtzaun und zeigte ihm von Weitem den Zug.

5 »Freust du dich gar nicht? Dieser Zug wird uns nach Hause bringen.«

»Und was ist dann?«

»Dann sind wir zu Hause.«

»Was ist denn zu Hause?«, fragte das Kind.

»Wo wir vorher gewohnt haben.«

10 »Und was ist da?«

»Kannst du dich noch an deinen Teddy erinnern? Vielleicht gibt es sogar noch deine Puppen.«

»Mama«, fragte das Kind. »Gibt es zu Hause auch Wächter?«

»Nein, dort gibt es keine.«

15 »Dann können wir von dort doch fliehen, nicht, Mama?«, fragte das Mädchen.

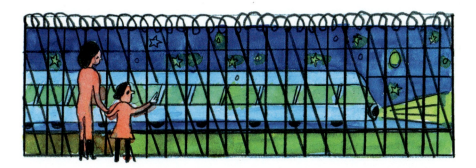

1 Stelle Vermutungen darüber an, wo sich Mutter und Tochter gerade befinden. Nenne Textstellen, die das belegen.

2 Analysiere den Dialog zwischen Mutter und Tochter hinsichtlich der sprachlichen Mittel.

3 Erläutere den letzten Satz. Welche Lebenserfahrung der Vierjährigen wird hier zum Ausdruck gebracht?

Einen kurzen epischen Text interpretieren

Eine Interpretation ist die Deutung eines literarischen Textes. Dieser ist nicht willkürlich entstanden, sondern das Ergebnis tiefgreifender Überlegungen, wie die Textaussage unterstützt werden kann. Inhalt, Sprache und Form wirken zusammen. Diese Zusammenhänge sowie ihre Funktion und Bedeutung gilt es in einer Interpretation aufzuspüren und mit Textbeispielen zu belegen. Die folgende Checkliste hilft dir dabei.

		Analyse	Interpretation
Einleitung		Autor, Titel, Textsorte (Kurzgeschichte, Jugendroman usw.), Erscheinungszeit, Thema, Kernaussage nennen	vorläufige These zur Deutung aufstellen, auf Bedeutung des Titels eingehen
Hauptteil	Inhalt	Handlungsablauf, äußere und innere Handlung beschreiben	Zusammenhang mit Thema herstellen
	Figuren	Figuren und ihre Beziehung zueinander charakterisieren	Handlungsweise und -motive anhand von Wahrnehmungen, Gedanken, Gefühlen deuten
	Erzähler	Erzählperspektive (Ich-Erzähler, Sie-Erzählerin/Er-Erzähler) und Erzählweise untersuchen	Wirkung beschreiben, Gedankenwelt und Erzählerkommentare bewerten
	Form	auf chronologische Erzählung, Rückblende, Rahmenhandlung eingehen	Funktion formaler Elemente benennen
	Sprache	Wortwahl, Satzbau, Zeitform (Präsens, Präteritum), direkte und indirekte Rede, Stilmittel herausarbeiten	Bedeutung für inhaltliche Aussage ableiten, Zweck wiederkehrender Motive erläutern
	Kontext	literarische Strömung, biografische Daten des Autors einbeziehen	Hinweise darauf im Text prüfen und benennen
Schluss		Ergebnisse zusammenfassen	Interpretationsergebnis benennen, offene Fragen ansprechen

1 Lies zunächst den Titel und stelle Vermutungen darüber an, worum es in dem Text des russischen Autors gehen könnte.

Lew Tolstoi

Der gelehrte Sohn

Fabel

Der Sohn eines Bauern kam aus der Stadt zu seinem Vater aufs Dorf. Der Vater sagte: »Heute mähen wir, nimm einen Rechen und komm mit und hilf mir«. Der Sohn aber hatte keine Lust zu arbeiten und sagte: »Ich habe die Wissenschaften studiert und alle bäuerlichen Worte vergessen; was ist das – ein Rechen?« Doch als er über den Hof ging, trat er auf einen Rechen, und er prallte ihm mit dem Stiel gegen die Stirn. Da erinnerte er sich, was ein Rechen ist, griff sich an die Stirn und sagte: »Was für ein Tölpel hat den Rechen hier hingeworfen?«

2 Formuliere das Thema der Fabel.

3 Analysiere und interpretiere diesen Text. Lege dir dazu eine großzügige Tabelle im Querformat nach dem Muster der Checkliste an. Ergänze eine vierte Spalte für Anmerkungen und Textzitate, die deine Behauptungen beweisen. Notiere deine Ergebnisse in Stichpunkten.

4 Schreibe einen Interpretationsaufsatz.

5 Formuliere für diese Fabel eine Lehre.

1 Lies die Kurzgeschichte und verfasse anschließend eine Inhaltsangabe.

Ilse Aichinger

Das Fenster-Theater

Die Frau lehnte am Fenster und sah hinüber. Der Wind trieb in leichten Stößen vom Fluss herauf und brachte nichts Neues. Die Frau hatte den starren Blick neugieriger Leute, die unersättlich sind. Es hatte ihr noch niemand den Gefallen getan, vor ihrem Haus niedergefahren zu werden. Außer-
5 dem wohnte sie im vorletzten Stock, die Straße lag zu tief unten. Der Lärm rauschte nur mehr leicht herauf. Alles lag zu tief unten. Als sie sich eben vom Fenster abwenden wollte, bemerkte sie, dass der Alte gegenüber Licht angedreht hatte. Da es noch ganz hell war, blieb dieses Licht für sich und machte den merkwürdigen Eindruck, den aufflammende Straßenlaternen unter der
10 Sonne machen. Als hätte einer an seinen Fenstern die Kerzen angesteckt, noch ehe die Prozession die Kirche verlassen hat. Die Frau blieb am Fenster.

Der Alte öffnete und nickte herüber. Meint er mich? dachte die Frau. Die Wohnung über ihr stand leer und unterhalb lag eine Werkstatt, die um diese Zeit schon geschlossen war. Sie bewegte leicht den Kopf. Der Alte nickte wie-
15 der. Er griff sich an die Stirne, entdeckte, dass er keinen Hut aufhatte, und verschwand im Inneren des Zimmers.

Gleich darauf kam er in Hut und Mantel wieder. Er zog den Hut und lächelte. Dann nahm er ein weißes Tuch aus der Tasche und begann zu winken. Erst leicht und dann immer eifriger. Er hing über die Brüstung, dass man
20 Angst bekam, er würde vornüberfallen. Die Frau trat einen Schritt zurück, aber das schien ihn zu bestärken. Er ließ das Tuch fallen, löste seinen Schal vom Hals – einen großen bunten Schal – und ließ ihn aus dem Fenster wehen. Dazu lächelte er. Und als sie noch einen weiteren Schritt zurücktrat, warf er den Hut mit einer heftigen Bewegung ab und wand den Schal wie einen Tur-
25 ban um seinen Kopf. Dann kreuzte er die Arme über der Brust und verneigte sich. Sooft er aufsah, kniff er das linke Auge zu, als herrsche zwischen ihnen ein geheimes Einverständnis. Das bereitete ihr so lange Vergnügen, bis sie plötzlich nur mehr seine Beine in dünnen, geflickten Samthosen in die Luft ragen sah. Er stand auf dem Kopf. Als sein Gesicht gerötet, erhitzt und freund-
30 lich wieder auftauchte, hatte sie schon die Polizei verständigt.

Und während er, in ein Leintuch gehüllt, abwechselnd an beiden Fenstern erschien, unterschied sie schon drei Gassen weiter über dem Geklingel der

Straßenbahnen und dem gedämpften Lärm der Stadt das Hupen des Überfall-
autos. Denn ihre Erklärung hatte nicht sehr klar und ihre Stimme erregt ge-
35 klungen. Der alte Mann lachte jetzt, sodass sich sein Gesicht in tiefe Falten
legte, streifte dann mit einer vagen Gebärde darüber, wurde ernst, schien das
Lachen eine Sekunde lang in der hohlen Hand zu halten und warf es dann hinüber. Erst als der Wagen schon um die Ecke bog, gelang es der Frau, sich von
seinem Anblick loszureißen.

40 Sie kam atemlos unten an. Eine Menschenmenge hatte sich um den Polizei-
wagen gesammelt. Die Polizisten waren abgesprungen, und die Menge kam
hinter ihnen und der Frau her. Sobald man die Leute zu verscheuchen suchte,
erklärten sie einstimmig, in diesem Hause zu wohnen. Einige davon kamen
bis zum letzten Stock mit. Von den Stufen beobachteten sie, wie die Männer,
45 nachdem ihr Klopfen vergeblich blieb und die Glocke allem Anschein nach
nicht funktionierte, die Tür aufbrachen. Sie arbeiteten schnell und mit einer
Sicherheit, von der jeder Einbrecher lernen konnte. Auch in dem Vorraum,
dessen Fenster auf den Hof sahen, zögerten sie nicht eine Sekunde. Zwei von
ihnen zogen die Stiefel aus und schlichen um die Ecke. Es war inzwischen
50 finster geworden. Sie stießen an einen Kleiderständer, gewahrten den Licht-
schein am Ende des schmalen Ganges und gingen ihm nach. Die Frau schlich
hinter ihnen her.

Als die Tür aufflog, stand der alte Mann mit dem Rücken zu ihnen gewandt
noch immer am Fenster. Er hielt ein großes weißes Kissen auf dem Kopf, das
55 er immer wieder abnahm, als bedeutete er jemandem, dass er schlafen wolle.
Den Teppich, den er vom Boden genommen hatte, trug er um die Schultern.
Da er schwerhörig war, wandte er sich auch nicht um, als die Männer auch
schon knapp hinter ihm standen und die Frau über ihn hinweg in ihr eigenes
finsteres Fenster sah.

60 Die Werkstatt unterhalb war, wie sie angenommen hatte, geschlossen.
Aber in die Wohnung oberhalb musste eine neue Partei eingezogen sein. An
eines der erleuchteten Zimmer war ein Gitterbett geschoben, in dem aufrecht
ein kleiner Knabe stand. Auch er trug sein Kissen auf dem Kopf und die Bettdecke um die Schultern. Er sprang und winkte herüber und krähte vor Jubel.
65 Er lachte, strich mit der Hand über das Gesicht, wurde ernst und schien das
Lachen eine Sekunde lang in der hohlen Hand zu halten. Dann warf er es mit
aller Kraft den Wachleuten ins Gesicht.

2 Beschreibe und bewerte das Verhalten der Frau und des Mannes. Belege deine
Aussagen mit Textbeispielen.

1 Achte beim Lesen darauf, welches Bild der Langläufer von sich und den anderen Skiläufern hat.

Franz Hohler

Der Langläufer

E r versuchte, noch etwas zu beschleunigen. Er hatte geglaubt, als er gegen Abend aus der Waldroute abbog, er sei der großen Masse der Läufer entronnen, aber jetzt, da er ins Tal kam, hörte er wieder das bekannte Knirschen hinter sich, zusammen mit dem leicht klingelnden Geräusch der einsetzenden
5 Stockspitzen. Es ärgerte ihn, dass um diese Zeit, wo die meisten den Sammel- und Ausgangsplätzen zuliefen, noch jemand die Idee hatte, ins Tal hinauf zu gehen, es war schon schattig, und die Loipe stieg an, man brauchte Ausdauer, wenn man in dem Tempo weitergehen wollte, das er jetzt angeschlagen hatte. Er wollte in dem Tempo weitergehen, er wollte sich nicht überholen lassen, er
10 wollte die Loipe so frei vor sich sehen wie jetzt, er hatte begonnen, Langlauf zu machen, weil er menschenleere Flächen durcheilen wollte, und war erschrocken gewesen über die Menschenmassen, die sich auf den zwei Spuren ausbreiteten, wo das Überholen fast in gleich wenigen Momenten möglich war wie auf der Autostraße. Vor allem hatte ihn die eigentlich erfreuliche Tatsa-
15 che, dass diese Sportart auch für alte Leute möglich war, mit einem eigenartigen Widerwillen erfüllt, wenn er sah, wie viele halb mumifizierte Kolonnen sich hier mühsam von einem Hügelchen zum nächsten schoben, oder wenn er, die talwärts führende Spur hinunterfahrend, die ältlichen Schweißschwaden der Hinaufkeuchenden durchpflügte. Deshalb wohl war er jetzt abgebo-
20 gen, und deshalb wollte er sich auf keinen Fall überholen lassen, auch wenn das Knirschen hinter ihm näherkam. Er konnte mit den Beinen nicht mehr wesentlich schneller laufen, eigentlich war es ihm immer rätselhaft, wie jemand schneller sein konnte als er. Er gab noch mehr Druck auf die Stöcke, was ihn zwar am linken Ellbogen ziemlich schmerzte und auch an der Hand, er
25 war gestern hingefallen, aber er wollte niemanden vor sich sehen, es war schön hier, der Bach links war fast zugefroren, und auf den Bäumen des Waldes lag frischgefallener Schnee. Er kam nun sehr stark ins Schwitzen, öffnete während eines ganz kurzen Gefälles auch seine Windjacke, bevor er wieder den Anstieg anging, in einer leicht hüpfenden Art, die er sich angeeignet hatte,
30 indem er sich vorstellte, einen Langläufer nachzumachen. Gleichzeitig wurde es kälter, und er spürte, wie sein Barthaar an verschiedenen Stellen durch Eis-

klumpen zusammengezogen wurde. Er keuchte schon sehr heftig, und sein Gegner, nach dem er sich nicht umdrehte, musste in äußerst geringem Abstand hinter ihm sein, die Tatsache, dass er nicht überholen konnte, war ermu-

35 tigend. Die Steinhütte, welche den ersten Drittel[1] des Tales markierte, lag hinter ihm, während des Tages sah man dort viele, die rasteten, aber jetzt war niemand mehr dagewesen. Eigentlich hatte er nur bis zur Hütte gehen wollen, denn die Dämmerung nahm rasch zu, aber nun war das Rennen aufgenommen, und er wollte es erst aufgeben, wenn er überholt würde. Im Wäldchen,

40 durch das die Spur jetzt führte, war es schon fast dunkel, hier kamen auch die ersten Stücke, die so steil waren, dass er nicht mehr geradeaus laufen konnte wie die ganz guten Läufer, die im Gegensatz zu ihm immer auch ganz gute Wachskünstler waren, und er musste sich mit gespreizten Skis hocharbeiten, das war ärgerlich, seine Langlaufskis hatten keine Kanten, er rutschte zwei-,

45 dreimal, aber seinem Verfolger schien es nicht besser zu gehen. Er hatte Mühe, nachher seinen Rhythmus wiederzufinden und dachte schon daran, stehen zu bleiben und den andern passieren zu lassen, aber dann kam eine offene Stelle, eine leichte Senke, und dann die Brücke, auf der man den Bach überquerte, und er wusste, dass das die Hälfte des Tales war und gewann noch einmal Kraft

50 aus diesem Gedanken. Kurz danach merkte er aber, dass er nicht mehr lange widerstehen konnte. Die Luft war so eisig, dass er schon fast husten musste, er hatte starkes Hüftweh vom dauernden Abstoßen, der Ellbogen brannte ihm, und in beiden Lungen war ein entsetzliches Stechen und ging nicht mehr weg. Bis zu den Alphütten wollte er es noch aushalten, bis zu den beiden Alphüt-

55 ten, die so flach waren, als wären es bloß zwei Bodenerhebungen. Die Skispitzen seines Feindes mussten jetzt genau hinter seinen Skienden sein, er spürte schon die ganze Bewegung hinter sich, hörte das Einschlagen der Stockspitzen und das Keuchen von einem, der auch seine ganze Kraft brauchte, um ihn zu erreichen. Noch zehn Schritte, noch fünf Schritte, er durfte sich nicht über-

60 holen lassen, nein, bei den Alphütten hatte er für sich die Ziellinie gezogen, noch einen Schritt, ja, da war er, er konnte nicht mehr weiter, auf gar keinen Fall, er hörte auf zu gehen, stützte sich mit den Achselhöhlen auf seine beiden Stöcke, schaute zurück und sah, dass hinter ihm niemand war. Dann erst brach er zusammen.

1 *schweiz.* für das Drittel

2 Untersuche den Gegensatz zwischen der subjektiven Wahrnehmung des Langläufers und dem tatsächlichen Geschehen.

1 Überlegt, was der Titel der Geschichte bedeuten könnte.

2 Lies nun die Kurzgeschichte und formuliere anschließend ihr Thema, das du in der Einleitung zur Interpretation nennen kannst.

Marlene Röder

Ein Strauß Schnecken

Bitte mach ein Foto von mir!« Wie oft habe ich diesen Satz von dir gehört, früher. Du wusstest, dass ich meine Kamera stets bei mir trug. Und ich habe dich immer brav geknipst, deine treue Chronistin.

Klick.

5 Ein ganzes Album habe ich noch, mit Fotos von dir, die im Laufe der Jahre zusammengekommen sind. Manchmal hast du in ihnen geblättert, in all deinen Abbildern. Mit unzufrieden gerunzelter Stirn, fast als suchtest du etwas.

Damals habe ich gedacht, dein Fototick sei reine Eitelkeit. Aber inzwischen glaube ich, du wolltest etwas von dir sichtbar machen. Es festhalten, dich fest-
10 halten.

Was für eine Ironie, dass nach all deinen Anstrengungen ich diejenige bin, die noch hier ist.

Während du nur noch Stein bist.

Ich setze mich auf die Bank gegenüber von dem, was von dir geblieben ist,
15 Buchstaben und Zahlen auf schwarzem Marmor. Seit der Beerdigung war ich nicht mehr hier. Ich erinnere mich an die vielen weinenden Menschen, die Blumen auf deinen Sarg warfen. Ich weinte nicht. Am liebsten hätte ich auf dein Grab gespuckt.

Ich konnte dir nicht verzeihen, glaube ich. Oder mir.
20 Es war mein erster Tod.

Danach wollte ich dich eigentlich nie wiedersehen. Ich habe jetzt ein neues Leben, in einer anderen Stadt, weit weg von dir. Das dachte ich zumindest. Aber dann habe ich vor zwei Wochen beim Aufräumen das Fotoalbum wiedergefunden. Ich habe es dir mitgebracht. Es steckt in meiner Handtasche, zu-
25 sammen mit dem Schneckenglas.

Wusstest du, dass die Indianer früher dachten, dass der Fotograf ihnen ein Stückchen ihrer Seele stiehlt? Die Seele auf Papier gebannt, komisch, dass mir das gerade jetzt einfällt. Vielleicht sollte ich das Album verbrennen, um dich zu befreien. Aber so gestellt die Fotos auch sind, sie verraten trotzdem einiges

30 über dich: du an Fasching, in einem Kleid aus Kunstseide und mit einem Krönchen auf dem Kopf. Du auf einem Brunnenrand balancierend, die Arme ausgestreckt. Du, wie du beim Tanzen dein Haar zurückwirfst – und die magnetisierten Blicke der beiden Jungs daneben. Wir beide, Wange an Wange, per Selbstauslöser.

35 Hundertmal du. Mit Pickeln und mit kurzen Haaren am Anfang, später dann mit langem Haar in unterschiedlichen Tönungen. Nur Schwarz stand dir nicht.

Auf den Fotos ist auch zu sehen, wie du über die Jahre immer schmaler wurdest, schwandest. Viel deutlicher ist das da zu sehen. Auf den letzten Bildern 40 bist du schon fast durchsichtig. Am Badesee.

Die anderen waren schwimmen gegangen, aber du wolltest nicht. Wir saßen unten am Strand und sahen zu, wie in der Ferne ein Sommergewitter heraufzog. Du hattest dich in deinen Schlabberpulli verkrochen, ihn über die Knie gezogen. Doch selbst darunter konnte ich erkennen, wie dünn du gewor-45 den warst. Die Handgelenke mit den vielen Armbändern – wie die Knöchelchen eines Vogels.

Es erschreckte mich so, dass ich fragen musste, ob alles in Ordnung ist. »Ja klar«, hast du geantwortet. »Du weißt doch, die Schule. Der Stress. Kein Grund, gleich Sorgenfalten zu kriegen, Süße.« Selbst da hattest du es noch, dein fun-50 kelndes Lächeln. Das Einzige, was auf allen Fotos gleich ist. Das Lächeln war dein Versteck. Ich wollte ihm glauben, weil es alles einfacher machte. Erst später habe ich verstanden, dass du dich in dir nie zu Hause gefühlt hast.

Ich betrachte das Foto. Das einzige echte Foto, das ich von dir habe. Es ist schon ganz zerknittert, siehst du, weil ich es immer bei mir trage.

55 Dein Gesicht darauf ist nass vom Regen, der plötzlich losbrach, an diesem Tag am See. Wir rannten in den Wald, um uns unterzustellen. Ich hörte das Lachen und Kreischen der anderen zwischen den Bäumen. Dann dein Japsen hinter mir: »Warte, warte doch mal, Frauke!« Ich blieb stehen, drehte mich zu dir um, sah dich an einem Baum lehnen. Die Hände auf die Knie gestützt, 60 keuchtest du: »Scheiß-Kondition.«

Die moosige grüne Stille, nur durchbrochen vom Fallen der Tropfen und deinem Atem, der sich langsam wieder beruhigte. Plötzlich hast du gerufen: »Hey, guck mal, lauter Schnecken!«

Tatsächlich. Sie waren überall. Auf dem Weg, den Bäumen ringsum. Kleine, 65 große. Ihre Fühler dem Regen entgegenstreckend.

Die Begeisterung in deiner Stimme verblüffte mich. Mir fielen auf Anhieb zehn Tiere ein, die besser zu dir gepasst hätten. »Sag bloß, du magst Schnecken!«, rief ich. »Die sind doch so klein und hässlich.«

Du hast sofort widersprochen: »Quatsch, schau sie dir doch mal an! Schne- 70 cken sind toll! Die tragen ihr Zuhause immer mit sich, wohin sie auch gehen. Ist doch total praktisch.«

Ich lachte, du lachtest auch, machtest einen Schritt auf mich zu. In diesem Moment sah ich dich erstarren, in die Hocke sinken.

Ich fragte, was denn los sei.

75 »Ich bin auf sie draufgetreten«, hast du geflüstert. »Auf die Schnecke. Ich hab sie kaputt gemacht.« Dein Gesicht war nass. Dein Lächeln, deine Maske weggeschwemmt.

Es war dieser eine echte Augenblick. Ich habe es damals gespürt. Das war der Augenblick, in dem ich das Foto schoss.

80 Klick.

Hinterher habe ich mich entschuldigt.

Ich finde, das Bild sagt viel über uns aus. Du, über eine obdachlose Schnecke trauernd. Ich, die auf den Auslöser drückte, statt zu dir zu gehen und dich in den Arm zu nehmen. In diesem Bild steckt schon alles, was wir nun sind.

85 Heute kann ich nur noch deinen Stein fotografieren, der immer gleich bleibt, ob bei Regen oder Sonne. Glatt und kühl ist er unter meiner Hand.

Klick.

Ich werde das Foto in mein Album kleben. Nein, ich werde die hundert falschen Fotos nicht verbrennen, das wäre zu leicht.

90 Stattdessen stecke ich das Album wieder in meine Tasche und hole das Marmeladenglas mit den Schnecken heraus. Ich habe sie selbst gesammelt, sie sind mein Geschenk für dich. Ein Strauß Schnecken ist doch mal was anderes, oder?

Ich setze sie auf deinen Stein. Weinbergschnecken, Schnecken mit gelb ge-
95 ringelten Häusern. Langsam strecken sie ihre Fühler hervor und fangen an, sich zu bewegen. Sie ziehen silbrige Spuren. Ich versuche vergeblich, ein Muster darin zu erkennen.

Ich hoffe, du magst das Gefühl.

Wahrscheinlich werden die Schnecken die hübschen Blümchen anfressen.
100 All das verlogene, sorgsam gepflanzte Grün, bis es verdorrt und nur der nackte Stein übrig bleibt, und so soll es sein.

3 Was könnte Fraukes Freundin widerfahren sein? Suche Textstellen, die deine Vermutung belegen.

4 »Das Lächeln war dein Versteck.« (Z. 50–51) Sprecht darüber, was damit gemeint sein könnte.

5 Das Verhältnis der beiden Mädchen zueinander zeigt sich in der Besonderheit der Dialoge. Untersuche und deute sie.

6 Besuche einen Friedhof und beobachte: Was bringen die Menschen an die Gräber? Überlege, warum sie dies tun. Wie stehst du selbst dazu? Schreibe deine Gedanken dazu in einem kurzen Text auf.

1 Lies die satirische Geschichte des russischen Autors und gib die beschriebene Situation mit eigenen Worten wieder.

Michail Soschtschenko

Selbsthilfe

Trofimytsch aus unserer Kommunalwohnung ging seinem Töchterchen Stiefel kaufen. Sein Mädelchen, Njuschka, ist so ein lang aufgeschossener Fratz von sieben Jahren.

Trofimytsch also ging, dieser seiner Njuschka ein Paar neue Schuhe an-
5 zuschaffen. Es wurde langsam Herbst, und das Kind hatte natürlich keine Schuhe.

Trofimytsch knirschte mit den Zähnen, und das sollte etwa heißen: Was für Kosten! Nahm Njuschka beim Händchen und ging mit ihr einkaufen.

Er ging mit seinem Kind in ein Warenhaus und ließ sich Schuhe zeigen.
10 Alles ganz ausgezeichnet! Die Ware war gut, und die Schuhnummer passte. Eines nur, wissen Sie, passte überhaupt nicht: der Preis nämlich! Der Preis be-trug, geradheraus gesagt, 12 ganze Rubelchen! Trofimytsch wollte natürlich solch eine Untergröße von Kinderstiefelchen sehr viel billiger einkaufen, so um eineinhalb bis zwei Rubelchen etwa.

15 Also ging Trofimytsch, ohne auf Njuschkas jämmerliches Brüllen zu ach-ten, in ein anderes Geschäft.

Im zweiten Geschäft verlangte man 10 Rubel dafür. Im dritten ebenfalls 10. Mit einem Wort: Wo sie auch hinkamen – die gleiche Geschichte. Die Schuhe passen, die Ware ist gut, mit dem Preis aber ist's ein wahres Kreuz. Sie kom-
20 men und kommen nicht überein. Nichts wird's mit dem Kauf. Und Njuschka heult.

Im fünften Geschäft zog Njuschka die Schuhe an. Sie passen. Der Preis: 9 Rubelchen ohne Rabatt! Trofimytsch natürlich fing an zu feilschen und zu handeln und bat, drei bis vier Rubelchen nachzulassen.

25 Njuschka indes, in ihren neuen Stiefelchen, ging zur Tür und – hast du nicht gesehen – war sie auch schon draußen auf der Straße. Trofimytsch wollte hinter seinem Sprössling herrennen, wurde aber vom Geschäftsführer zu-rückgehalten.

»Zuerst zahlen, Genosse!«, sagte der Geschäftsführer. »Dann können sie Ih-
30 ren eiligen Geschäften nachgehen.«

Trofimytsch bat flehentlich abzuwarten.

»Das Mädelchen«, sagt er, »kommt ja gleich zurück. Es will in den neuen Stiefelchen sicher nur ein paar Schritte tun.

35 Ausprobieren, ob sie nicht doch irgendwo drücken.«

Sagt der Geschäftsführer: »Das geht mich nichts an. Die Ware ist weg. Entrichten Sie den Preis. Ohne zu zahlen, kom-

40 men Sie hier nicht heraus.«

Trofimytsch sagte: »Nein, ich bleibe lieber noch ein wenig. Ich warte, bis mein Töchterchen zurückkommt.«

Njuschka aber kam nicht wieder. Sie war direkt aus dem Laden in ihren neuen Stiefelchen heimgelaufen. Denn, denkt sie, Papachen wird – das ist klar wie Quellwasser – die Schuhe todsicher nicht kaufen. Weil sie ihm wieder zu

45 teuer sind. Und eben darum kam sie auch nicht zurück.

Nichts zu machen also. Trofimytsch zahlte wehen Herzens, was verlangt wurde, knirschte wütend mit den Zähnen und ging ebenfalls heim. Njuschka war schon zu Hause und stolzierte durch das Zimmer in ihren neuen Schu-

50 hen. Und wenn es – zur Strafe – auch ein paar Prügel setzte, so konnte das Kind die teuren Stiefelchen schließlich doch behalten.

Jetzt, nach diesem Vorkommnis, gibt man in den staatlichen Schuhgeschäften – Sie werden es vielleicht schon bemerkt haben – nur den linken Schuh zum Anprobieren. Den rechten aber verbirgt man sorgsam irgendwohin, oder

55 der Geschäftsführer klemmt ihn sich zwischen die Knie. Und der Kunde darf ihn nicht einmal anfassen.

Denn die Kinderchen sind ziemlich selbstständig geworden. Eine findige Generation. Weiß sich zu helfen.

2 Weise nach, dass es sich hier um einen auktorialen Erzähler handelt. Schlage dazu auch im Merkwissen nach.

3 Suche Textstellen heraus, die die unterschiedlichen Ansichten von Vater und Tochter bezüglich des Einkaufs belegen.

4 Arbeitet heraus, mit welchen stilistischen Mitteln der Satire das Problem »Selbsthilfe« verdeutlicht wird.

5 Schreibe einen kurzen humoristischen Text über deine Erfahrung beim Einkauf mit den Eltern.

Lies die Kurzgeschichte und gib ihren Inhalt in Form eines Witzes wieder.

Doris Dörrie

»Es gibt da eine kleine Ente ...«

Die beiden Polizisten glotzten ihn an wie zwei Wolgakarpfen. »Ich würde mich gern im ›Palmengarten‹ von jemandem verabschieden«, brachte Arkardij nur stotternd heraus, als sei es ihm peinlich, »es gibt da eine kleine Ente. Ich habe sie gerettet. An meinem ersten Tag in Frankfurt. Sie war noch
5 ein Küken und hatte einen gebrochenen Flügel. Unter meinem Mantel habe ich sie rausgeschmuggelt, mit Brot gefüttert und gepflegt, bis sie wieder gesund war. Und dann habe ich sie zurückgebracht. Sie heißt Durak.«

Seine Augen fingen an zu glänzen. Dafür brauchte er nur die beiden Wörter »nie wieder« zu denken. Sie reichten aus, um ihm das Wasser in die Augen zu
10 treiben. Nie wieder Marianne. Nie wieder Handkäs mit Musik[1]. Nie wieder der warme Kaufhof an der Hauptwache im Winter.

»O Gott«, stöhnte der Polizist, der fuhr. »Die verfluchte russische Seele«, sagte der andere, »und außerdem hat der ›Palmengarten‹ längst geschlossen.« Arkardij spürte, wie das Wasser aus seinem linken Auge hervorquoll und in
15 einer dicken Träne langsam die Wange hinunterrann. Er wandte sein Gesicht zum Fenster in den Neonschein der Straßenbeleuchtung wie Greta Garbo ins Scheinwerferlicht. Der Fahrer drehte sich nach ihm um. »Wo fährst du denn hin?«, blökte der andere Polizist. »Mein Gott, es ist schließlich Weihnachten«, erwiderte der Fahrer.
20 Es war stockdunkel im »Palmengarten«. Der Polizist, der gefahren war, hielt Arkardij wie ein Kind fest an der Hand, während der andere laut vor sich hin schimpfte und damit drohte, eine Dienstaufsichtsbeschwerde einzulegen.

Auf dem runden Teich in der Mitte des Parks dümpelten ein paar Enten vor sich hin. »Durak, Durak«, rief Arkardij und gab piepende Laute von sich. Die
25 Enten sahen ihn gleichgültig an. »Und? Welche ist es?«, fragte der Polizist, der Arkardijs Hand fest umklammert hielt, streng. Arkardij zeigte auf die nächstbeste. »Komm her, du blödes Vieh«, murmelte er auf Russisch, »komm her und rette mich. Verdammt. Jetzt komm schon!« Die Ente legte den Kopf schief. »Du sollst deinen Entenarsch hierher bewegen!«, flehte Arkardij. Die Ente
30 rührte sich nicht. »Du lädst ewige Schuld auf dich«, rief Arkardij wütend. »Du

---

1 hessischer Sauermilchkäse in einer Marinade aus Zwiebeln, Gewürzen, Öl und Essig, wobei mit der »Musik« die anschließenden Verdauungsgeräusche durch die Zwiebeln gemeint sein können

wirst als Weihnachtsente [...] enden!« Das hatte gesessen. Die Ente setzte sich in Bewegung, schwamm geradewegs auf Arkardij zu und wühlte ihren Schnabel in seine Hand. »Sie hat Hunger, die Arme«, sagte er auf Deutsch, »hat einer von Ihnen vielleicht ein bisschen Brot dabei?« »Nur 'ne Apfeltasche«, sagte

35 der Polizist, ließ Arkardijs Hand los und wühlte in seiner Jacke. Arkardij federte ein-, zweimal auf den Zehenspitzen, bevor er losrannte. Quer über die Wiese, am Steingarten vorbei, dort hatte er Marianne an die Brust gefasst, sie dann hinter die Kastanie am Wegrand gezogen, dort weiter hinter die Hecke, wo sie sich ohne weitere Aufforderung auf den Rasen gelegt hatte. Die Hecke,

40 die Hecke, da war sie. Ja, er war richtig, dort musste es sein, die kalte Luft stach in seine Lungen wie Stecknadeln, er hörte die beiden Polizisten hinter sich hecheln, mit den Händen riss er den Stacheldraht beiseite, zwängte sich durch das Loch, und erst als er den sicheren Asphalt der Straße unter den Füßen hatte, lachte er im Laufen laut auf. Durak, lachte er, das heißt auf Deutsch

45 »Dummkopf«.

2 Beschreibe und charakterisiere die Figuren und ihre Beziehung zueinander.

3 Analysiere und interpretiere diesen Text. Gehe dabei auch auf die Merkmale der Kurzgeschichte ein. Orientiere dich an der Methodenseite (S. 78).

4 Eine Kurzgeschichte beginnt unvermittelt und endet mit einem offenen Schluss. Überlege, was dieser Geschichte vorausgegangen sein bzw. folgen könnte. Schreibe dann eine Vorgeschichte oder eine Fortsetzung.

1 Lies die folgende Kurzgeschichte und formuliere ihr Thema.

Marie-Luise Kaschnitz

Ein ruhiges Haus

Ein ruhiges Haus, sagen Sie? Ja, jetzt ist es ein ruhiges Haus. Aber noch vor kurzem war es die Hölle. Über uns und unter uns Familien mit kleinen Kindern, stellen Sie sich das vor. Das Geheul und Geschrei, die Streitereien, das Trampeln und Scharren der kleinen zornigen Füße.

5   Zuerst haben wir nur den Besenstiel gegen den Fußboden und gegen die Decke gestoßen. Als das nichts half, hat mein Mann telefoniert. Ja, entschuldigen Sie, haben die Eltern gesagt, die Kleine zahnt oder die Zwillinge lernen gerade laufen.

    Natürlich haben wir uns mit solchen Ausreden nicht zufriedengegeben.

10 Mein Mann hat sich beim Hauswirt beschwert, jede Woche einmal, dann war das Maß voll. Der Hauswirt hat den Leuten oben und den Leuten unten Briefe geschrieben und ihnen mit der fristlosen Kündigung gedroht. Danach ist es gleich besser geworden. Die Wohnungen hier sind nicht allzu teuer und diese jungen Ehepaare haben nicht das Geld umzuziehen.

15   Wie sie die Kinder zum Schweigen gebracht haben? Ja, genau weiß ich das nicht. Ich glaube, sie binden sie jetzt an den Bettpfosten fest, so daß sie nur kriechen können. Das macht weniger Lärm. Wahrscheinlich bekommen sie starke Beruhigungsmittel. Sie schreien und juchzen nicht mehr, sondern plappern nur noch vor sich hin, ganz leise, wie im Schlaf.

20   Jetzt grüßen wir die Eltern wieder, wenn wir ihnen auf der Treppe begegnen. Wie geht es den Kindern, fragen wir sogar. Gut, sagen die Eltern. Warum sie dabei Tränen in den Augen haben, weiß ich nicht. �R

2 Charakterisiere den Erzähler. Stelle Vermutungen darüber an, in welcher Situation die Geschichte erzählt werden könnte.

3 Verfasse eine Interpretation. Gehe dabei besonders auf die Aussagen des letzten Abschnitts ein.

●●● **4** Fertige eine Illustration zu dieser Kurzgeschichte an.

Kapitel 5
Goethes »Faust«

Da steh' ich nun, ich armer Tor,
Und bin so klug als wie zuvor!

Es irrt der Mensch, solang' er strebt.

Das also war des Pudels Kern!

Das ist der Weisheit letzter Schluss:
Nur der verdient sich Freiheit wie das Leben,
der täglich sie erobern muss.

Inszenierungsfotos der 21-stündigen Aufführung auf der EXPO in Hannover, 2000. Bruno Ganz in der Rolle des alten Faust, den jungen Faust spielt Christian Nickel.

1 Setzt euch mit den obigen Zitaten auseinander. Tauscht dabei eure Gedanken zum inhaltlichen Verständnis aus.

2 Nenne Situationen in der heutigen Zeit, zu denen die Zitate passen könnten.

3 Das Drama »Faust« wurde von Johann Wolfgang von Goethe geschrieben. Informiere dich im Lexikon oder im Internet über sein Leben und Werk.

Der Faust-Stoff hat Goethe sein Leben lang begleitet.
Der historische Faust, der von ca. 1480 bis ca. 1540 gelebt
hat, wurde vermutlich in Knittlingen geboren und zog als
Alchemist und Wunderheiler durch halb Europa. Dabei
nutzte er den Aberglauben seiner Zeit, indem er sein
Publikum mit chemischen Vorführungen verblüffte und
betrog. Er kam wahrscheinlich durch eine Explosion bei
einem seiner Experimente ums Leben. Seine Kenntnisse und
die Umstände seines Todes konnte man nur durch einen

Pakt mit dem Teufel erklären. Auf diesem beruht der Inhalt vieler Volksbücher
und Puppenspiele. Der folgende Auszug ist eine moderne Nacherzählung der
»Historia von D. Johann Fausten« aus dem Jahr 1587.

Anne Gelhaar

Doktor Faust und sein Geist Mephisto

E r ging in einen tiefen, dichten Wald bei Wittenberg, der Spesserwald genannt. Dort fand er einen Wegscheid, der vier Ausfahrten hatte. Und als es
Abend wurde, nahm er einen Stab, zeichnete damit einen Kreis und über diesen zwei andere, die den ersten berührten. Darauf trat er in den mittleren Zir-
5 kel und forderte mit lauter Stimme die Geister auf, ihm zu erscheinen.

Er hatte aber kaum ausgesprochen, da erhob sich ein Brausen im Wald, als
sollte alles zugrunde gehen. [...] Bald darauf fiel ein glühender Stern aus der
Höhe, der sich in eine gewaltige feurige Kugel verwandelte. Doktor Faust erschrak. Aber er ließ nicht ab von seinem Vorhaben und beschwor den Stern
10 zum ersten, andern und dritten Mal. Alsbald ergoss sich aus der glühenden
Kugel ein Feuerstrom, über dem er viele Lichtlein sah. Die [...] nahmen man-
nigfaltige Gestalten an, bis sich eines in einen grauen Mönch verwandelte; der
kam auf Faust zu und fragte ihn, was er begehre.

»Ich wünsche, dass du mir morgen in meinem Hause erscheinst«, sprach
15 Faust unerschrocken. Dies sagte ihm der Geist zu und Faust trat aus dem Kreis
und begab sich auf den Heimweg.

Voller Ungeduld beschied Faust am nächsten Tag den Geist in seine Kammer und forderte von ihm, dass er ihm untertänig und gehorsam sein, auf alle
Fragen antworten und die reine Wahrheit offenbaren solle. Das schlug ihm
20 der Geist ab. »Lieber Faust, dein Begehren zu erfüllen steht nicht in meiner
Macht«, sprach er.

»Heb dich von dannen«, rief Doktor Faust unwillig. Doch war sein Verlangen, des Zaubergeistes Kraft zu erproben, so groß, dass er sich schnell eines anderen besann; und er beschwor den Geist, zur Vesperzeit wieder in seine

25 Kammer zu kommen. Der Geist willigte ein. Gegen Abend, als es zu dämmern begann, erschien er abermals bei Doktor Faust und erbot sich, ihm in allen Dingen untertänig und gehorsam zu sein, dieweil ihm von seinem Obersten Gewalt gegeben sei. »Sage mir also, was du von mir begehrst«, sprach er.

Da forderte Doktor Faust von dem Geist:

30 zum Ersten, dass er selbst Geschicklichkeit, Wesen und Gestalt eines Geistes annehmen könnte;

zum Zweiten, dass der Geist in sein Haus kommen sollte, wenn er ihn riefe;

zum Dritten, dass der Geist alles für ihn tun sollte, was er von ihm begehrte;

zum Vierten, dass der Geist ihm unsichtbar dienen und sich niemandem

35 zeigen sollte, es sei denn auf sein, Faustens, besonderes Geheiß;

und zum Fünften, dass der Geist jeweils in der Gestalt, die Faust wünschte, erscheinen sollte.

Das sagte ihm der Geist zu. Aber er forderte, dass Faust ihm dafür mit Leib und Seele gehören, dass er Gott und den Menschen Feind werden und ihm das

40 mit seinem eigenen Blut schriftlich bezeugen müsste. [...]

Doktor Faust bedachte sich eine Weile. Dann fragte er den Geist: »Wie ist dein Name?« Der antwortete, er hieße Mephisto. Faust nahm ein Papier zur Hand, und mit der stolzen Verwegenheit eines Riesen, der die Berge zusammentragen und den Himmel stürmen möchte, schrieb er:

45 Ich, Doktor Johannes Faust, bekenne kraft dieses Briefes: Da ich mir vorgenommen habe, die Elemente zu studieren, und mit den Gaben, die mir bescheret, die nötige Geschicklichkeit in meinem Kopf nicht finde noch von den Menschen erlernen kann, übergebe ich mich dem Geist, der sich Mephisto nennt, und erwähle ihn, mich alles, wonach ich trachte, zu lehren. Er hat ver-

50 sprochen, mir in allen Dingen untertänig und gehorsam zu sein, wofür ich ihm gehören will nach dem 24. Jahre dieser Verschreibung.

Danach wurden alle Punkte, die sie miteinander besprochen hatten, in dem Vertrag aufgeführt; und Doktor Faust ritzte sich eine Ader auf und unterschrieb mit seinem Blute.

1 Verfasse eine Inhaltsangabe. Erkläre dabei den Begriff *Pakt* mit eigenen Worten.

2 Notiere, welche Bedingungen Faust und Mephisto jeweils zu erfüllen haben.

1 Lies den folgenden Szenenauszug und erläutere, worum es im Gespräch zwischen dem Herrn, also Gott, und Mephisto, dem Teufel, geht.

Johann Wolfgang von Goethe

Faust. Der Tragödie erster Teil

Prolog im Himmel

Mephistopheles Da du, o Herr, dich einmal wieder nahst
  Und fragst, wie alles sich bei uns befinde,
  Und du mich sonst gewöhnlich gerne sahst,
  So siehst du mich auch unter dem Gesinde.
5 Verzeih, ich kann nicht hohe Worte machen,
  Und wenn mich auch der ganze Kreis verhöhnt;
  Mein Pathos brächte dich gewiss zum Lachen,
  Hättst du dir nicht das Lachen abgewöhnt.
  Von Sonn' und Welten weiß ich nichts zu sagen,
10 Ich sehe nur, wie sich die Menschen plagen.
  Der kleine Gott der Welt bleibt stets von gleichem Schlag,
  Und ist so wunderlich als wie am ersten Tag.
  Ein wenig besser würd' er leben,
  Hättst du ihm nicht den Schein des Himmelslichts gegeben;
15 Er nennt's Vernunft und braucht's allein,
  Nur tierischer als jedes Tier zu sein.
  Er scheint mir, mit Verlaub von Euer Gnaden,
  Wie eine der langbeinigen Zikaden,
  Die immer fliegt und fliegend springt
20 Und gleich im Gras ihr altes Liedchen singt;
  Und läg' er nur noch immer in dem Grase!
  In jeden Quark begräbt er seine Nase.
Der Herr Hast du mir weiter nichts zu sagen?
  Kommst du nur immer anzuklagen?
25 Ist auf der Erde ewig dir nichts recht?
Mephistopheles Nein, Herr! ich find' es dort, wie immer, herzlich schlecht.
  Die Menschen dauern mich in ihren Jammertagen,
  Ich mag sogar die armen selbst nicht plagen.
Der Herr Kennst du den Faust?

30 **Mephistopheles**   Den Doktor?

Der Herr   Meinen Knecht!

Mephistopheles Fürwahr! er dient Euch auf besondre Weise.

Nicht irdisch ist des Toren Trank noch Speise.

Ihn treibt die Gärung in die Ferne,

35 Er ist sich seiner Tollheit halb bewusst;

Vom Himmel fordert er die schönsten Sterne

Und von der Erde jede höchste Lust,

Und alle Näh' und alle Ferne

Befriedigt nicht die tief bewegte Brust.

40 **Der Herr** Wenn er mir jetzt auch nur verworren dient,

So werd' ich ihn bald in die Klarheit führen.

Weiß doch der Gärtner, wenn das Bäumchen grünt,

Dass Blüt' und Frucht die künft'gen Jahre zieren.

Mephistopheles Was wettet Ihr? den sollt Ihr noch verlieren,

45 Wenn Ihr mir die Erlaubnis gebt,

Ihn meine Straße sacht zu führen!

Der Herr Solang' er auf der Erde lebt,

So lange sei dir's nicht verboten.

Es irrt der Mensch, solang' er strebt. [...]

50 Zieh diesen Geist von seinem Urquell ab,

Und führ' ihn, kannst du ihn erfassen,

Auf deinem Wege mit herab,

Und steh beschämt, wenn du bekennen musst:

Ein guter Mensch in seinem dunklen Drange

55 Ist sich des rechten Weges wohl bewusst. [...]

Mephistopheles *(allein)*

Von Zeit zu Zeit seh' ich den Alten gern,

Und hüte mich, mit ihm zu brechen.

Es ist gar hübsch von einem großen Herrn,

60 So menschlich mit dem Teufel selbst zu sprechen.

2 Wie beurteilen der Herr und Mephisto den Faust, der stellvertretend für die
Menschen steht? Notiere in Stichpunkten das Wesentliche beider Aussagen.

3 Der Herr und Mephisto treffen eine Abmachung. Gib deren Inhalt kurz mit
eigenen Worten wieder.

4 Mit der folgenden Szene beginnt die Tragödie um den Gelehrten Faust. Lies den Auszug und beschreibe die Situation, in der er sich befindet.

Nacht

In einem hochgewölbten, engen, gotischen Zimmer.
Faust unruhig auf seinem Sessel am Pulte.
Faust Habe nun, ach! Philosophie,
      Juristerei und Medizin,
65   Und leider auch Theologie
      Durchaus studiert, mit heißem Bemühn.
      Da steh' ich nun, ich armer Tor,
      Und bin so klug als wie zuvor!
      Heiße Magister, heiße Doktor gar,
70   Und ziehe schon an die zehen Jahr',
      Herauf, herab und quer und krumm.
      Meine Schüler an der Nase herum –
      Und sehe, dass wir nichts wissen können!
      Das will mir schier das Herz verbrennen.
75   Zwar bin ich gescheiter als alle die Laffen,
      Doktoren, Magister, Schreiber und Pfaffen;
      Mich plagen keine Skrupel noch Zweifel,
      Fürchte mich weder vor Hölle noch Teufel –
      Dafür ist mir auch alle Freud' entrissen,
80   Bilde mir nicht ein, was Rechts zu wissen,
      Bilde mir nicht ein, ich könnte was lehren,
      Die Menschen zu bessern und zu bekehren.
      Auch hab' ich weder Gut noch Geld,

Noch Ehr' und Herrlichkeit der Welt;
85 Es möchte kein Hund so länger leben!
Drum hab' ich mich der Magie ergeben,
Ob mir durch Geistes Kraft und Mund
Nicht manch Geheimnis würde kund;
Dass ich nicht mehr, mit sauerm Schweiß
90 Zu sagen brauche, was ich nicht weiß;
Dass ich erkenne, was die Welt
Im Innersten zusammenhält,
Schau' alle Wirkenskraft und Samen,
Und tu' nicht mehr in Worten kramen.
95 O sähst du, voller Mondenschein,
Zum letzten Mal auf meine Pein,
Den ich so manche Mitternacht
An diesem Pult herangewacht:
Dann über Büchern und Papier,
100 Trübsel'ger Freund, erschienst du mir!
Ach! könnt' ich doch auf Bergeshöhn
In deinem lieben Lichte gehn,
Um Bergeshöhle mit Geistern schweben,
Auf Wiesen in deinem Dämmer weben,
105 Von allem Wissensqualm entladen,
In deinem Tau gesund mich baden!
Weh! steck' ich in dem Kerker noch?
Verfluchtes dumpfes Mauerloch,
Wo selbst das liebe Himmelslicht
110 Trüb durch gemalte Scheiben bricht!
Beschränkt von diesem Bücherhauf,
Den Würme nagen, Staub bedeckt,
Den, bis ans hohe Gewölb' hinauf,
Ein angeraucht Papier umsteckt;
115 Mit Gläsern, Büchsen rings umstellt,
Mit Instrumenten vollgepfropft,
Urväter-Hausrat drein gestopft –
Das ist deine Welt! das heißt eine Welt! […]

5 Tragt Gründe für Fausts Verzweiflung zusammen und beschreibt, worin sein eigentliches Ziel im Leben besteht. Was will er erreichen?

Nach einem gescheiterten Versuch, den Erdgeist zu beschwören, um Göttlichkeit zu erlangen, sieht Faust im jämmerlichen menschlichen Leben keinen Sinn mehr. Doch gerade als er das Glas mit dem Gift leeren will, vernimmt er den Klang der österlichen Kirchenglocken. Die erinnern ihn an unbeschwerte Kindheitstage, sodass Faust neuen Lebensmut gewinnt und zu einem Spaziergang vor den Stadttoren aufbricht.

6 Lies den folgenden Szenenauszug, den man auch »Osterspaziergang« nennt. Welche Bilder und Stimmungen zeichnet Faust von der ihn umgebenden Welt?

Vor dem Tor

Faust Vom Eise befreit sind Strom und Bäche
120   Durch des Frühlings holden, belebenden Blick;
     Im Tale grünet Hoffnungsglück;
     Der alte Winter, in seiner Schwäche,
     Zog sich in raue Berge zurück.
     Von dorther sendet er, fliehend, nur
125   Ohnmächtige Schauer körnigen Eises
     In Streifen über die grünende Flur;
     Aber die Sonne duldet kein Weißes:
     Überall regt sich Bildung und Streben,
     Alles will sie mit Farben beleben;

130   Doch an Blumen fehlt's im Revier,
     Sie nimmt geputzte Menschen dafür.
     Kehre dich um, von diesen Höhen
     Nach der Stadt zurückzusehen.
     Aus dem hohlen finstern Tor
135   Dringt ein buntes Gewimmel hervor.
     Jeder sonnt sich heute so gern.
     Sie feiern die Auferstehung des Herrn,
     Denn sie sind selber auferstanden,
     Aus niedriger Häuser dumpfen Gemächern,
140   Aus Handwerks- und Gewerbesbanden,
     Aus dem Druck von Giebeln und Dächern,
     Aus der Straßen quetschender Enge,
     Aus der Kirchen ehrwürdiger Nacht
     Sind sie alle ans Licht gebracht.

145 Sieh nur, sieh! wie behänd sich die Menge
Durch die Gärten und Felder zerschlägt,
Wie der Fluss, in Breit' und Länge,
So manchen lustigen Nachen[1] bewegt,   1 Kahn, Boot
Und bis zum Sinken überladen
150 Entfernt sich dieser letzte Kahn.
Selbst von des Berges fernen Pfaden
Blinken uns farbige Kleider an.
Ich höre schon des Dorfs Getümmel,
Hier ist des Volkes wahrer Himmel,
155 Zufrieden jauchzet Groß und Klein;
Hier bin ich Mensch, hier darf ich's sein.

7 Notiere mithilfe von Textbelegen stichpunktartig die gegensätzlichen Bilder der
erwachenden Natur und der Stadt, aus der die Menschen herbeiströmen.

Mit einem Pudel, der ihm nachgelaufen ist, kehrt Faust in sein Studierzimmer
zurück und verfällt erneut in Schwermut. Er will sich innerlich sammeln und
beschließt, den Originaltext des Johannes-Evangeliums zu übersetzen.

Studierzimmer I

Faust [...] Wir sehnen uns nach Offenbarung,
Die nirgends würd'ger und schöner brennt
Als in dem Neuen Testament.
160 Mich drängt's, den Grundtext aufzuschlagen,
Mit redlichem Gefühl einmal
Das heilige Original
In mein geliebtes Deutsch zu übertragen.
(Er schlägt ein Volum[2] auf und schickt sich an.)
165 Geschrieben steht: »Im Anfang war das W o r t !«
Hier stock' ich schon! Wer hilft mir weiter fort?
Ich kann das W o r t so hoch unmöglich schätzen,
Ich muss es anders übersetzen,
Wenn ich vom Geiste recht erleuchtet bin.
170 Geschrieben steht: Im Anfang war der S i n n .
Bedenke wohl die erste Zeile,
Dass deine Feder sich nicht übereile!

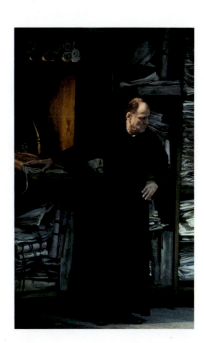

2 Band, Buch

Ist es der S i n n , der alles wirkt und schafft?
Es sollte stehn: Im Anfang war die K r a f t !
175   Doch, auch indem ich dieses niederschreibe,
Schon warnt mich was, dass ich dabei nicht bleibe.
Mir hilft der Geist! Auf einmal seh ich Rat
Und schreibe getrost: Im Anfang war die T a t ! [...]

8 Erläutere Fausts Auseinandersetzung mit der Aussage »Am Anfang war das Wort!«. Zu welchem Schluss gelangt er?

9 Lies den Abschluss dieser und die folgende Szene und notiere mithilfe von Textbeispielen, wie und als was Mephisto sich vorstellt.

Der Pudel verwandelt sich plötzlich vor Fausts Augen in Mephisto, der wie ein fahrender Schüler (Skolast) gekleidet ist.

Faust Das also war des Pudels Kern!
180   Ein fahrender Skolast? Der Casus³ macht mich lachen. [...]   3 *lat.* Fall
Wie nennst du dich?
Mephistopheles   Die Frage scheint mir klein
Für einen, der das Wort so sehr verachtet,
Der, weit entfernt von allem Schein,
185   Nur in der Wesen Tiefe trachtet.
Faust Bei euch, ihr Herrn, kann man das Wesen
Gewöhnlich aus dem Namen lesen,
Wo es sich allzu deutlich weist,
Wenn man euch Fliegengott, Verderber, Lügner heißt.
190   Nun gut, wer bist du denn?
Mephistopheles   Ein Teil von jener Kraft,
Die stets das Böse will und stets das Gute schafft.
Faust Was ist mit diesem Rätselwort gemeint?
Mephistopheles Ich bin der Geist, der stets verneint!
195   Und das mit Recht; denn alles, was entsteht,
Ist wert, dass es zugrunde geht;
Drum besser wär's, dass nichts entstünde.
So ist denn alles, was ihr Sünde,
Zerstörung, kurz das Böse nennt,
200   Mein eigentliches Element. [...]

Studierzimmer II

Mephistopheles Ich bin keiner von den Großen;
 Doch willst du mit mir vereint
 Deine Schritte durchs Leben nehmen,
 So will ich mich gern bequemen,
205 Dein zu sein, auf der Stelle.
 Ich bin dein Geselle,
 Und mach' ich dir's recht,
 Bin ich dein Diener, bin dein Knecht!
Faust Und was soll ich dagegen dir erfüllen?
210 **Mephistopheles** Dazu hast du noch eine lange Frist.
Faust Nein, nein! der Teufel ist ein Egoist
 Und tut nicht leicht um Gottes willen,
 Was einem andern nützlich ist.
 Sprich die Bedingung deutlich aus;
215 Ein solcher Diener bringt Gefahr ins Haus.

Mephistopheles Ich will mich *hier* zu deinem Dienst verbinden,
 Auf deinen Wink nicht rasten und nicht ruhn;
 Wenn wir uns *drüben* wiederfinden,
 So sollst du mir das Gleiche tun.
220 **Faust** Das Drüben kann mich wenig kümmern,
 Schlägst du erst diese Welt zu Trümmern,
 Die andre mag darnach entstehn.
 Aus dieser Erde quillen meine Freuden,
 Und diese Sonne scheinet meinen Leiden;
225 Kann ich mich erst von ihnen scheiden,
 Dann mag, was will und kann, geschehn. [...]
Mephistopheles In diesem Sinne kannst du's wagen.
 Verbinde dich; du sollst, in diesen Tagen,
 Mit Freuden meine Künste sehn,
230 Ich gebe dir, was noch kein Mensch gesehn.
Faust Was willst du armer Teufel geben?
 Ward eines Menschen Geist, in seinem hohen Streben,
 Von deinesgleichen je gefasst?
 Doch hast du Speise, die nicht sättigt, hast
235 Du rotes Gold, das ohne Rast,
 Quecksilber gleich, dir in der Hand zerrinnt,

Ein Spiel, bei dem man nie gewinnt,
Ein Mädchen, das an meiner Brust
Mit Äugeln schon dem Nachbar sich verbindet,
240 Der Ehre schöne Götterlust,
Die, wie ein Meteor, verschwindet.
Zeig mir die Frucht, die fault, eh' man sie bricht,
Und Bäume, die sich täglich neu begrünen!

Mephistopheles Ein solcher Auftrag schreckt mich nicht,
245 Mit solchen Schätzen kann ich dienen.
Doch, guter Freund, die Zeit kommt auch heran,
Wo wir was Guts in Ruhe schmausen mögen.

Faust Werd' ich beruhigt je mich auf ein Faulbett legen,
So sei es gleich um mich getan!
250 Kannst du mich schmeichelnd je belügen,
Dass ich mir selbst gefallen mag,
Kannst du mich mit Genuss betrügen,
Das sei für mich der letzte Tag!
Die Wette biet' ich!

255 **Mephistopheles**   Topp!

Faust   Und Schlag auf Schlag!

Werd' ich zum Augenblicke sagen:
Verweile doch! du bist so schön!
Dann magst du mich in Fesseln schlagen,
260 Dann will ich gern zugrunde gehn!
Dann mag die Totenglocke schallen,
Dann bist du deines Dienstes frei,
Die Uhr mag stehn, der Zeiger fallen,
Es sei die Zeit für mich vorbei! [...]

10 Gib die Wette zwischen Faust und Mephisto mit eigenen Worten wieder. Notiere in Stichpunkten die jeweils zu erfüllenden Bedingungen.

11 Vergleicht diese Wettszene mit der aus dem Volksbuch (S. 94–95). Erläutert, worin die Unterschiede zwischen beiden bestehen.

Eine Dramenszene interpretieren

Du hast bereits gelernt, wie man eine Dramenszene analysiert. Die folgende Checkliste hilft dir, auf dieser Grundlage eine Dramenszene zu interpretieren. Belege deine Aussagen mit Textbeispielen und beachte die richtige Zitierweise.

Checkliste

		Analyse	Interpretation
Einleitung		Autor, Titel, Szene, Thema, Art des Dramas (Komödie, Tragödie, Schauspiel) nennen	vorläufige These zur Deutung (Interpretationshypothese) formulieren
Hauptteil	**Inhalt**	wesentlichen Szeneninhalt zusammenfassen, Szenenentwicklung und Auswirkung auf weiteres Geschehen beschreiben	Szene in den inhaltlichen Zusammenhang des Dramas einordnen (Auftreten oder Zuspitzung eines Konflikts, Vorbereitung einer List usw.)
	Figuren	auftretende Figuren charakterisieren und ihre Stellung zueinander aufzeigen	soziale Stellung, inhaltliche Positionen und Handlungs-absichten ableiten
	Figuren-rede	Haupt- und Nebenrede, Monologe, Dialoge untersuchen	Gesprächsverhalten deuten, Figurenrede und Handeln miteinander vergleichen
	Form/ Sprache	Satzbau (Versform oder episch), Wortwahl, stilistische Mittel, Regieanweisungen untersuchen	Wirkung der Sprechweise beschreiben, Funktion für inhaltliche Aussage benennen
	Kontext	Biografie des Autors und Epoche einbeziehen	Niederschlag im Drama prüfen
Schluss		Analyse kurz zusammenfassen	Interpretationsergebnis nennen

1 Lies noch einmal die Szenen »Studierzimmer I und II« und deine dazugehörigen Lösungen zu den Aufgaben 9–11 (S.102–104).

2 Interpretiere die beiden Szenen mithilfe der oben vorgegebenen Schritte.

 3 Formuliere deine Interpretation als zusammenhängenden Text.

Mephistos Bemühungen, Faust mit derben Späßen zur Abkehr vom Streben zu verführen, schlagen fehl. Nach einem Verjüngungstrunk ist Faust voller Tatendrang und begierig auf Liebesabenteuer.

1 Lies die folgende Szene, in der sich Faust und Gretchen (Margarete) zum ersten Mal begegnen. Beurteile das Auftreten beider.

Johann Wolfgang von Goethe

Faust. Der Tragödie erster Teil

Straße

Faust. Margarete vorübergehend.
Faust Mein schönes Fräulein, darf ich wagen,
    Meinen Arm und Geleit Ihr anzutragen?
Margarete Bin weder Fräulein, weder schön,
5   Kann ungeleitet nach Hause gehn.
    (Sie macht sich los und ab.)
Faust Beim Himmel, dieses Kind ist schön!
    So etwas hab' ich nie gesehn.
    Sie ist so sitt- und tugendreich,
10   Und etwas schnippisch doch zugleich.
    Der Lippe Rot, der Wange Licht,
    Die Tage der Welt vergess' ich's nicht!
    Wie sie die Augen niederschlägt,
    Hat tief sich in mein Herz geprägt;
15   Wie sie kurz angebunden war,
    Das ist nun zum Entzücken gar!

(Mephistopheles tritt auf.)
Faust Hör, du musst mir die Dirne[1] schaffen!   1 ursprüngliche Bedeutung:
Mephistopheles Nun, welche?   Mädchen
20 **Faust**   Sie ging just vorbei.
Mephistopheles Da die? Sie kam von ihrem Pfaffen,
    Der sprach sie aller Sünden frei;
    Ich schlich mich hart am Stuhl[2] vorbei,   2 Beichtstuhl
    Es ist ein gar unschuldig Ding,

25 Das eben für nichts zur Beichte ging;
Über die hab' ich keine Gewalt!
Faust Ist über vierzehn Jahr doch alt.
Mephistopheles Du sprichst ja wie Hans Liederlich,
Der begehrt jede liebe Blum' für sich [...].
30 **Faust** Und das sag' ich Ihm kurz und gut:
Wenn nicht das süße junge Blut
Heut Nacht in meinen Armen ruht,
So sind wir um Mitternacht geschieden.
Mephistopheles Bedenkt, was gehn und stehen mag!
35 Ich brauche wenigstens vierzehn Tag',
Nur die Gelegenheit auszuspüren.
Faust Hätt' ich nur sieben Stunden Ruh',
Brauchte den Teufel nicht dazu,
So ein Geschöpfchen zu verführen. [...]
40 **Mephistopheles** Jetzt ohne Schimpf und ohne Spaß.
Ich sag' Euch: mit dem schönen Kind
Geht's ein- für allemal nicht geschwind.
Mit Sturm ist da nichts einzunehmen;
Wir müssen uns zur List bequemen.
45 **Faust** Schaff mir etwas vom Engelsschatz!
Führ mich an ihren Ruheplatz!
Schaff mir ein Halstuch von ihrer Brust,
Ein Strumpfband meiner Liebeslust!
Mephistopheles Damit Ihr seht, dass ich Eurer Pein
50 Will förderlich und dienstlich sein,
Wollen wir keinen Augenblick verlieren,
Will Euch noch heut in ihr Zimmer führen.
Faust Und soll sie sehn? sie haben?
Mephistopheles   Nein!
55 Sie wird bei einer Nachbarin sein.
Indessen könnt Ihr ganz allein
An aller Hoffnung künf'ger Freuden
In ihrem Dunstkreis satt Euch weiden. [...]

2 Welche Absichten hegt Faust in Bezug auf Gretchen? Belege deine Vermutung
anhand des Textes.

Dank Mephistos Hilfe gelingt es Faust, Gretchen für sich zu gewinnen. Sie verdrängt aufkommende Ängste und Schuldgefühle und gibt sich ihm hin.

❸ Welche Informationen über die moralischen Normen der Gesellschaft zu Goethes Zeiten enthält die folgende Szene? Notiere in Stichpunkten.

Am Brunnen

Gretchen und Lieschen mit Krügen.

60 **Lieschen** Hast nichts von Bärbelchen gehört?

Gretchen Kein Wort. Ich komm' gar wenig unter Leute.

Lieschen Gewiss, Sibylle sagt' mir's heute!
　　Die hat sich endlich auch betört.
　　Das ist das Vornehmtun!

65 **Gretchen**　　　　　　　　Wieso?

Lieschen　　　　　　　　　　Es stinkt!
　　Sie füttert zwei, wenn sie nun isst und trinkt.

Gretchen Ach!

Lieschen So ist's ihr endlich recht ergangen.

70　　Wie lange hat sie an dem Kerl gehangen!
　　Das war ein Spazieren,
　　Auf Dorf und Tanzplatz Führen,
　　Musst' überall die Erste sein,
　　Kurtesiert'[3] ihr immer mit Pastetchen und Wein;　　　3 den Hof machen

75　　Bild't' sich was auf ihre Schönheit ein;
　　War doch so ehrlos, sich nicht zu schämen,
　　Geschenke von ihm anzunehmen.
　　War ein Gekos' und ein Geschleck';
　　Da ist denn auch das Blümchen weg!

80 **Gretchen** Das arme Ding!

Lieschen　　　　　　　Bedauerst sie noch gar!
　　Wenn unsereins am Spinnen war,
　　Uns nachts die Mutter nicht hinunterließ,
　　Stand sie bei ihrem Buhlen süß,

85　　Auf der Türbank und im dunklen Gang
　　Ward ihnen keine Stunde zu lang.
　　Da mag sie denn sich ducken nun,
　　Im Sünderhemdchen Kirchbuß' tun!

Gretchen Er nimmt sie gewiss zu seiner Frau.

90 **Lieschen** Er wär' ein Narr! Ein flinker Jung'
Hat anderwärts noch Luft genung.
Er ist auch fort.

Gretchen   Das ist nicht schön!

Lieschen Kriegt sie ihn, soll's ihr übel gehen.

95   Das Kränzel reißen die Buben ihr,
Und Häckerling streuen wir vor die Tür!
(Ab.)

Gretchen *(nach Hause gehend)*
Wie konnt' ich sonst so tapfer schmälen,

100   Wenn tät ein armes Mägdlein fehlen!
Wie konnt' ich über andrer Sünden
Nicht Worte gnug der Zunge finden!
Wie schien mir's schwarz, und schwärzt's noch gar,
Mir's immer doch nicht schwarz gnug war,

105   Und segnet' mich und tat so groß,
Und bin nun selbst der Sünde bloß!
Doch – alles, was dazu mich trieb,
Gott! war so gut! ach war so lieb!

4 Beschreibe und bewerte Gretchens Reaktion auf den »Brunnentratsch«.

5 Die Liebe zu Faust endet für Gretchen tragisch. Gib anhand der folgenden Szene
wieder, was geschehen ist.

Kerker

Faust Komm! Folge mir! Liebchen, fasse Mut!

110   Ich herze dich mit tausendfacher Glut;
Nur folge mir! Ich bitte dich nur dies!

Margarete *(zu ihm gewendet)*
Und bist du's denn? Und bist du's auch gewiss?

Faust Ich bin's! Komm mit!

115 **Margarete**   Du machst die Fesseln los,
Nimmst wieder mich in deinen Schoß.
Wie kommt es, dass du dich vor mir nicht scheust? –
Und weißt du denn, mein Freund, wen du befreist?

Faust Komm! komm! schon weicht die tiefe Nacht.

120 **Margarete** Meine Mutter hab' ich umgebracht,

Mein Kind hab' ich ertränkt.

War es nicht dir und mir geschenkt?

Dir auch. – Du bist's! ich glaub' es kaum.

Gib deine Hand! Es ist kein Traum! [...]

125 **Faust** Lass das Vergangne vergangen sein,

Du bringst mich um.

Margarete Nein, du musst übrig bleiben!

Ich will dir die Gräber beschreiben,

Für die musst du sorgen

130 Gleich morgen;

Der Mutter den besten Platz geben,

Meinen Bruder sogleich darneben,

Mich ein wenig beiseit',

Nur nicht gar zu weit!

135 Und das Kleine mir an die rechte Brust.

Niemand wird sonst bei mir liegen!

Mich an deine Seite zu schmiegen,

Das war ein süßes, ein holdes Glück!

Aber es will mir nicht mehr gelingen;

140 Mir ist's, als müsst' ich mich zu dir zwingen,

Als stießest du mich von dir zurück;

Und doch bist du's und blickst so gut, so fromm. [...]

Faust Du sollst leben!

Margarete Gericht Gottes! dir hab' ich mich übergeben! [...]

145 Dein bin ich, Vater! Rette mich!

Ihr Engel! Ihr heiligen Scharen,

Lagert euch umher, mich zu bewahren!

Heinrich! Mir graut's vor dir.

Mephistopheles Sie ist gerichtet!

150 **Stimme** *(von oben)*   Ist gerettet! [...]

---

6 Stelle Vermutungen darüber an, weshalb Gretchen nicht mit Faust aus dem Kerker flieht. Nutze dazu deine Ergebnisse aus den Aufgaben 2 und 3 (S.107–108).

7 Diskutiert, ob und inwieweit ihr Gretchen und Faust für schuldig haltet. Was hat zur Tragödie geführt?

Fachübergreifendes
Die Gretchentragödie

Moritz Retzsch: Faust bei Gretchen im Kerker, 1816

W as macht ein Mädchen im 18. Jahrhundert, das von seinem Liebhaber verlassen wird und von ihm ein Kind erwartet? Die gesellschaftliche Ächtung ist der jungen Frau gewiss.
5 Zudem wird sie mit einem unehelichen Kind schwerlich heiraten können, sodass der Unterhalt des Kindes ihr allein überlassen bleibt. Der Mann kann sich der moralischen Verpflichtung zur Ehe entziehen, ohne dass er zur Rechenschaft gezogen wird. Zwar musste
10 eine uneheliche Schwangerschaft für das Mädchen nicht zwangsläufig den Untergang bedeuten, doch Goethe will die Gegensätze nicht verniedlichen, sondern ihre Härte zeigen. Der Konflikt zwischen dem Anspruch auf freie Liebe und der damals geltenden Forderung, Liebe an die Ehe zu binden, ist für die Frau nicht lösbar. Sie bleibt dabei – im Gegensatz zum Mann – auf der
15 Strecke.

Ende 1771 konnte der junge Rechtsanwalt Goethe in Frankfurt aus nächster Nähe das Schicksal der Kindsmörderin Susanna Margaretha Brandt verfolgen. Die 24-jährige Magd hatte von einem durchreisenden holländischen Goldschmiedegesellen ein Kind bekommen und es aus Angst vor der Schande er-
20 würgt. Im Verhör gab sie an, der Mann habe sie durch einen Trank willenlos gemacht und der Teufel sie zur Ermordung des Kindes angestiftet. Am Morgen des 14. Januar 1772 trat die als Kindsmörderin verurteilte Dienstmagd ihren letzten Gang an. In einem weißen Kleid und zum Zeichen der »armen Sünderin« eine Zitrone haltend, bestieg sie das eigens für sie errichtete Schafott, auf
25 dem die Enthauptung, wie die Quellen berichten, »durch einen Hieb glücklich und wohl vollzogen« wurde. Die 335 Seiten umfassende Prozessakte ist bis heute im Frankfurter Institut für Stadtgeschichte erhalten.

Das Schicksal der Susanna Margaretha Brandt diente Goethe als Vorbild für Gretchen. Er, der kurze Zeit zuvor die Beziehung zur Landpfarrerstochter Frie-
30 derike Brion abgebrochen hatte und dabei sicher auch eine tiefe seelische Verwundung hinterließ, musste sich zwar nicht für eine derart katastrophale Entwicklung verantwortlich fühlen, aber auf tiefe persönliche Betroffenheit deutet gleichwohl, dass sein Gretchen den Leidensweg der Susanna Margaretha Brandt ebenfalls bis zum katastrophalen Ende nachvollzieht.

Faust II. Kurzinhalt

Durch einen Heilschlaf des Vergessens ist Faust von seinen schwer auf ihm lastenden Schuldgefühlen befreit. Er ist nun wieder bereit zu neuem Tatendrang, bereit, mit Mephisto an seiner Seite das Leben zu entdecken.

Fausts Weg führt zunächst in die Kaiserliche Pfalz, wo sich ihm ein Bild des
5 totalen Zerfalls bietet. Das Reich steckt politisch und wirtschaftlich in einer tiefen Krise, der Kaiser ist unfähig, das Land zu führen. Sein höchstes Interesse gilt dem Prassen und Feiern – ein großer Karneval ist angesagt. Durch das von Mephisto eingeführte Papiergeld glaubt sich der Kaiser in der Lage, so weiter- machen zu können wie bisher. Seine Sucht nach Amüsement ist ungebro-
10 chen. Er wünscht, dass Faust ihm Helena und Paris, die Urbilder antiker Schönheit, an seinen Hof hole, was mit Mephistos Hilfe gelingt.

Faust verliebt sich dabei in sein eigenes Kunstwerk und beschließt eine Reise durch Zeit und Raum zurück in die griechische Antike, um Helena zu finden. Das gelingt, und aus der Verbindung mit ihr geht ein Sohn, Euphorion,
15 hervor. Als dieser stirbt, verschwindet auch Helena, woraufhin Faust in seine Welt zurückkehrt.

Vom Verlangen nach weltlicher Macht und Frauen geheilt, wendet er sich nun höheren Zielen zu: Er will als Unternehmer die Natur, speziell das Meer kontrollieren, was in Form eines ehrgeizigen Projekts zur Landgewinnung
20 realisiert werden soll. Als Dank für das hilfreiche Eingreifen in eine kriege- rische Auseinandersetzung zugunsten des Kaisers erhält Faust ein großes Stück Land am Meer, wo er sofort damit beginnt, seine Pläne in die Tat umzu- setzen. Die Hütte von Philemon und Baucis (antike Sagengestalten) ist für Faust das letzte störende Hindernis. Die beiden alten Leute widerstehen dem
25 Drängen Fausts, sodass dieser Hilfe von Mephisto verlangt. Durch dessen ge- waltsames Vorgehen finden Philemon und Baucis den Tod. Die Verantwor- tung schiebt Faust kurzerhand Mephisto zu, seine eigene Schuld will er nicht wahrhaben. Da erscheinen ihm vier graue Weiber – Mangel, Not, Schuld und Sorge. Durch das Bündnis mit Mephisto können ihm die ersten drei nichts
30 anhaben, die Sorge jedoch lässt ihn erblinden.

Mephisto, derweil mürrisch und ungeduldig, will mit Faust endlich zum Ziel des Pakts kommen. So lässt er seine höllischen Gehilfen schon mal das Grab ausheben. Faust, nun wieder alt, hält die lärmenden Geräusche für seine tüchtigen Arbeiter, die im Rahmen seines Projekts einen Deich errichten ...

1 Informiere dich mithilfe der Zusammenfassung über den Inhalt von »Faust II«.

1 Gib nach dem Lesen mit eigenen Worten wieder, welche Vision einer künftigen Welt Faust vorschwebt.

Johann Wolfgang von Goethe

Faust. Der Tragödie zweiter Teil

Großer Vorhof des Palastes

Faust *(aus dem Palaste tretend, tastet an dem Türpfosten)*
 Wie das Geklirr der Spaten mich ergetzt!
 Es ist die Menge, die mir frönet,
 Die Erde mit sich selbst versöhnet,
5 Den Wellen ihre Grenze setzt,
 Das Meer mit strengem Band umzieht. [...]
 Aufseher!

Mephistopheles Hier!

Faust Wie es auch möglich sei,
10 Arbeiter schaffe Meng' auf Menge,
 Ermuntere durch Genuss und Strenge,
 Bezahle, locke, presse bei!
 Mit jedem Tage will ich Nachricht haben,
 Wie sich verlängt der unternommene Graben.

15 **Mephistopheles** *(halblaut)*
 Man spricht, wie man mir Nachricht gab,
 Von keinem Graben, doch vom Grab.

Faust Ein Sumpf zieht am Gebirge hin,
 Verpestet alles schon Errungene;
20 Den faulen Pfuhl auch abzuziehn,
 Das Letzte wär' das Höchsterrungene.
 Eröffn' ich Räume vielen Millionen,
 Nicht sicher zwar, doch tätig-frei zu wohnen.
 Grün das Gefilde, fruchtbar; Mensch und Herde
25 Sogleich behaglich auf der neusten Erde,
 Gleich angesiedelt an des Hügels Kraft,
 Den aufgewälzt kühn-emsige Völkerschaft.
 Im Innern hier ein paradiesisch Land,
 Da rase draußen Flut bis auf zum Rand,

30 Und wie sie nascht, gewaltsam einzuschießen,
Gemeindrang eilt, die Lücke zu verschließen.
Ja, diesem Sinne bin ich ganz ergeben,
Das ist der Weisheit letzter Schluss:
Nur der verdient sich Freiheit wie das Leben,
35 Der täglich sie erobern muss.
Und so verbringt, umrungen von Gefahr,
Hier Kindheit, Mann und Greis sein tüchtig Jahr.
Solch ein Gewimmel möcht' ich sehn,
Auf freiem Grund mit freiem Volke stehn.
40 Zum Augenblicke dürft' ich sagen:
Verweile doch, du bist so schön!
Es kann die Spur von meinen Erdetagen
Nicht in Äonen[1] untergehn. –   1 Zeitalter
Im Vorgefühl von solchem hohen Glück
45 Genieß' ich jetzt den höchsten Augenblick. [...]

Nach diesen letzten Worten stirbt Faust und wird zu Grabe getragen. Mephisto
will sich Fausts Seele nicht entgehen lassen, doch eine Schar von Engeln lenkt
ihn ab und entführt Fausts Seele in den Himmel.

2 Wer hat letztendlich die Wette gewonnen: Mephisto oder Faust? Lies dazu auch
den Auszug aus den abschließenden Versen und begründe deine Meinung.

Bergschluchten

Engel *(schwebend in der höhern Atmosphäre, Faustens Unsterbliches tragend)*
Gerettet ist das edle Glied
Der Geisterwelt vom Bösen,
Wer immer strebend sich bemüht,
50 Den können wir erlösen.
Und hat an ihm die Liebe gar
Von oben teilgenommen,
Begegnet ihm die selige Schar
Mit herzlichem Willkommen. [...]

Kapitel 6

Literatur des Exils und der Nachkriegszeit

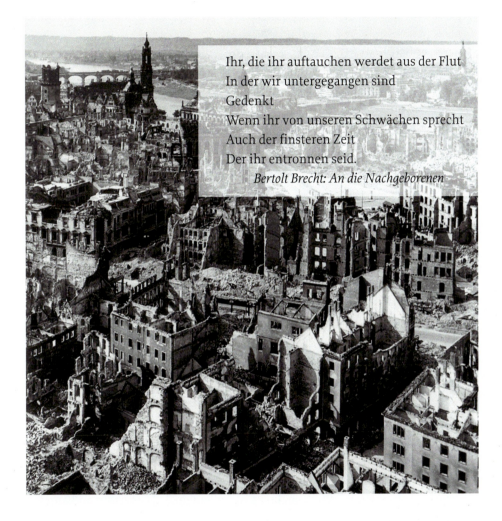

Ihr, die ihr auftauchen werdet aus der Flut
In der wir untergegangen sind
Gedenkt
Wenn ihr von unseren Schwächen sprecht
Auch der finsteren Zeit
Der ihr entronnen seid.
Bertolt Brecht: An die Nachgeborenen

1 Tauscht eure Gedanken zu den Gedichtzeilen aus. Welcher historische Abschnitt wird hier als »finstere Zeit« bezeichnet und was wisst ihr darüber?

2 Informiere dich im Internet oder in einem Nachschlagewerk über Literatur des Exils und der Nachkriegszeit. Ordne beiden literarischen Epochen wichtige historische Ereignisse zu und nenne literarische Vertreter mit ihren Werken.

1 Lies den folgenden Textauszug aus dem Jahr 1943. Notiere, was du über die besonderen Lebensumstände der Schriftsteller im Exil erfährst.

Lion Feuchtwanger

Der Schriftsteller im Exil

Der Schriftsteller, der den Leserkreis seines eigenen Landes verliert, verliert mit ihm sehr häufig das Zentrum seiner wirtschaftlichen Existenz. Sehr viele Schriftsteller, die in ihrem eigenen Lande marktfähig waren, sind trotz höchster Begabung im Ausland nicht verkaufbar, sei es, weil ihr Wert vor
5 allem im Sprachlichen liegt und dieses Sprachliche nicht übertragbar ist, sei es, weil ihre Stoffe den ausländischen Leser nicht interessieren. [...] Es ist erstaunlich, wie viele Autoren, deren Leistungen die ganze Welt anerkannt hat, jetzt im Exil trotz ernsthaftester Bemühungen völlig hilf- und mittellos dastehen. [...]

10 Die ökonomischen Schwierigkeiten und der aufreibende Kampf mit Nichtigkeiten, die nicht aufhören, sind das äußere Kennzeichen des Exils. Viele Schriftsteller sind davon zermürbt worden. Viele zogen den Selbstmord dem tragikomischen Leben im Exil vor.

Wer Glück hat, wer um all das herumkommt, der sieht sich bei seiner Ar-
15 beit inneren Schwierigkeiten gegenüber, von denen er sich in der Heimat nichts träumen ließ. Da ist zunächst die bittere Erfahrung, abgespalten zu sein vom lebendigen Strom der Muttersprache. [...] In den zehn oder elf Jahren unseres Exils ist das Leben sehr schnell weitergegangen, es hat für tausend neue Erscheinungen tausend neue Worte und Klänge verlangt. Wir hören die
20 neuen Worte für diese neuen Erscheinungen zuerst in der fremden Sprache. [...] Einem jeden unter uns kommt es vor, dass sich manchmal das fremde Wort, der fremde Tonfall an die oberste Stelle drängt.

Einige von uns haben es mit einigem Erfolg versucht, in der fremden Sprache zu schreiben. Wirklich geglückt ist es keinem. [...] Gewiss, man kann ler-
25 nen, sich in einer fremden Sprache auszudrücken; die letzten Gefühlswerte des fremden Tonfalls lernen kann man nicht. [...]

Seltsam ist es, zu erfahren, wie die Wirkung unserer Werke nicht ausgeht von der Fassung, in welcher wir sie geschrieben, sondern von einer Übersetzung. Der Widerhall, den wir hören, ist nicht der Widerhall des eigenen Worts.
30 Denn auch die beste Übersetzung bleibt ein Fremdes [...]. Es ist alles richtig, aber der Duft ist fort, das Leben ist fort. [...]

2 Lies nun das folgende Gedicht. Beschreibe die Gefühle, die darin zum Ausdruck gebracht werden.

Irmgard Keun

Die fremde Stadt

Fremde Stadt,
Ich liebe dich um deiner Fremdheit willen.
Du könntest das Verlangen nach Verlorenem mir stillen,
Nach dem, was ich verließ.
5 Lass mich vollenden, was ich einst verhieß;
Einmal als Kind.
Lass mich noch einmal sein, wie Kinder sind,
Die eines Menschen Fuß noch nicht getreten hat,
Fremde Stadt.
10 Berge mich hinter deinen Mauern,
Fremde Stadt.
Lass mich in deiner Sicherheit trauern,
Fremde Stadt,
Nur eine Stunde,
15 Nur kurze Zeit.
Hunger und Hunde
Jagen das Leid,
Jage nicht du mich auch, fremde Stadt.
Lass mich ruhn unter deines Himmels Regen,
20 Fremdes Land.
Gott gab dir den Himmel, mir gab er den Segen
Für dich, fremdes Land.
Nur eine Stunde, nur kurze Zeit
Wärme uns Arme die Ewigkeit:
25 Der Himmel über dir, fremdes Land.

3 Nenne Textstellen, an denen du erkennst, dass es sich hier um Exilliteratur handelt.

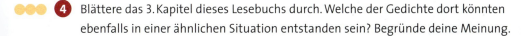 **4** Blättere das 3. Kapitel dieses Lesebuchs durch. Welche der Gedichte dort könnten ebenfalls in einer ähnlichen Situation entstanden sein? Begründe deine Meinung.

Der Roman entstand 1939 im französischen Exil und erschien als deutschsprachige Ausgabe 1942 in Mexiko. Er schildert das Schicksal von sieben geflohenen Häftlingen aus dem Konzentrationslager Westhofen. Der Lagerkommandant lässt für ihre Bestrafung sieben Platanen zu Kreuzen schlagen. Nur einer der Häftlinge, Georg Heisler, entkommt am Ende seinen Häschern. Sein Kreuz, das siebte, bleibt dank der Hilfe vieler Menschen leer.

1 Lies den folgenden Romanauszug. Erkläre die symbolische Bedeutung des leeren Kreuzes für die Häftlinge.

Anna Seghers

Das siebte Kreuz

Vielleicht sind in unserem Land noch nie so merkwürdige Bäume gefällt worden als die sieben Platanen auf der Schmalseite der Baracke III. Ihre Kronen waren schon früher gekuppt worden aus einem Anlass, den man später erfahren wird. In Schulterhöhe waren gegen die Stämme Querbretter ge-
5 nagelt, sodass die Platanen von Weitem sieben Kreuzen glichen.

Der neue Lagerkommandant, er hieß Sommerfeld, ließ alles sofort zu Kleinholz zusammenschlagen. Er war eine andre Nummer als sein Vorgänger Fahrenberg, der alte Kämpfer, »der Eroberer von Seeligenstadt«, – wo sein Vater noch heute ein Installationsgeschäft am Marktplatz hat. [...] War der erste
10 Kommandant ein Narr gewesen, mit furchtbaren, unvoraussehbaren Fällen von Grausamkeit, so war der neue ein nüchterner Mann, bei dem sich alles voraussehen ließ. Fahrenberg war imstande gewesen, uns plötzlich alle zusammenschlagen zu lassen, – Sommerfeld war imstande, uns alle in Reih und Glied antre-
15 ten und jeden Vierten herauszählen und zusammenschlagen zu lassen. Das wussten wir damals auch noch nicht. Und selbst wenn wir es gewusst hätten! Was hätte es ausgemacht gegen das Gefühl, das uns übermannte, als die sechs Bäume alle gefällt wurden und dann auch noch der siebte! Ein klei-
20 ner Triumph gewiss, gemessen an unserer Ohnmacht, an unseren Sträflingskleidern. Und doch ein Triumph, der einen die eigene Kraft plötzlich fühlen ließ nach wer weiß wie lan-

ger Zeit, jene Kraft, die lange genug taxiert worden war, sogar von uns selbst,
als sei sie bloß eine der vielen gewöhnlichen Kräfte der Erde, die man nach
25 Maßen und Zahlen abtaxiert, wo sie doch die einzige Kraft ist, die plötzlich ins
Maßlose wachsen kann, ins Unberechenbare.

Zum ersten Mal wurden an diesem Abend auch unsere Baracken geheizt.
Das Wetter hatte gerade gedreht. Ich bin heute nicht mehr so sicher, ob die
paar Scheite, mit denen man unser gusseisernes Öfchen fütterte, wirklich von
30 diesem Kleinholz waren. Damals waren wir davon überzeugt.

Wir drängten uns um das Öfchen, um unser Zeug zu trocknen und weil der
ungewohnte Anblick des offnen Feuers unsere Herzen aufwühlte. Der SA-
Posten drehte uns den Rücken zu, er sah unwillkürlich durch das vergitterte
Fenster hinaus. [...]

35 Die Scheite knackten. Zwei blaue Flämmchen zeigten uns an, dass auch die
Kohlen glühten. Fünf Schaufeln Kohlen waren uns zugebilligt, die nur auf Minuten die zugige Baracke anwärmen konnten, ja nicht einmal unser Zeug fertig trocknen. Wir aber dachten jetzt daran noch nicht. Wir dachten nur an das
Holz, das vor unseren Augen verbrannte. Hans sagte leise, mit einem schiefen
40 Blick auf den Posten, ohne den Mund zu bewegen: »Das knackt.« Erwin sagte:
»Das siebte.« Auf allen Gesichtern lag jetzt ein schwaches merkwürdiges Lächeln, ein Gemisch von Unvermischbarem, von Hoffnung und Spott, von
Ohnmacht und Kühnheit. Wir hielten den Atem an. Der Regen schlug bald
gegen die Bretter, bald gegen das Blechdach. Der Jüngste von uns, Erich, sagte
45 mit einem Blick aus den Augenwinkeln, einem knappen Blick, in dem sich
sein ganzes Innere zusammenzog und zugleich unser aller Innerstes: »Wo
mag er jetzt sein?« [...]

Auf seiner Flucht tarnt sich Heisler mit einer gestohlenen Jacke. Für den rechtmäßigen Besitzer ist diese unfreiwillige Hilfe nicht selbstverständlich.

② Beschreibe das Verhalten des Gärtnerlehrlings Fritz Helwig. Wie und wodurch
ändert sich seine Einstellung zu den Geschehnissen?

Der Lehrling Helwig, ein blondes, hochgeschossenes Bürschlein mit aufge-
weckten Augen, durchsuchte zuerst erstaunt, dann ärgerlich, dann aufgeregt
50 den ganzen Schuppen nach seiner Jacke. Diese Jacke hatte er sich vorige Woche angeschafft, kurz nach seinem ersten Mädchen. Er hätte sie sich noch
nicht anschaffen können, wenn er nicht eine kleine Prämie bei einem Wettbe-

werb verdient hätte. Er rief seine Kameraden herbei, die schon beim Mittagessen saßen. [...] Helwig meinte zuerst, die Kameraden hätten ihm einen Streich
55 gespielt. Sie neckten ihn nämlich, weil er die Jacke etwas zu groß gekauft hatte
und weil sie ihn um sein Mädchen beneideten. Die jungen Burschen mit ihren
frischen, offnen Gesichtern, in denen knabenhafte und männliche Züge genau so durcheinanderspielten wie auf Helwigs Gesicht, beruhigten ihn jetzt
und halfen ihm gleich suchen. Da gab es denn bald ein Geschrei. »Was sind
60 denn das für Flecke?« Und einer schrie: »Mir hat man das Futter rausgeris-
sen!« – »Da war einer drin«, sagten sie, »deine Jacke, Helwig, ist gestohlen.«
Der Junge verbiss das Weinen. Jetzt kam auch die Aufsicht aus dem Esssaal.
Was denn die Bengels hier anstellen? Helwig erzählte bleich vor Wut, seine
Jacke sei gestohlen. Man rief einen aufsichtführenden Lehrer und den Schul-
65 wart. Jetzt wurden die Türen weit aufgemacht. Da sah man Flecke an den Klei-
dern und das gerissene Futter an einer alten Jacke, die ganz von Blut verspritzt
war.

Ach, wenn man aus seiner Jacke auch nur das Futter herausgerissen hätte!
In Helwigs Gesicht waren keine männlichen Züge mehr. Es war ganz kindlich
70 vor Zorn und Kummer. »Wenn ich den finde, schlag' ich ihn tot!«, verkündete
er. Es tröstete ihn auch gar nicht, dass Müller jetzt seine Schuhe vermisste. Der
war der einzige Sohn von reichen Bauern und konnte sich neue kaufen. Für
ihn aber hieß es jetzt wieder sparen und sparen.

»Beruhige du dich jetzt mal, Helwig«, sagte dann der Direktor selbst, den
75 der Schulwart sofort vom Familienmittagstisch geholt hatte, »beruhige dich
und beschreib deine Jacke, so genau du kannst. Dieser Herr hier von der
Kriminalpolizei kann sie dir nur wieder beschaffen, wenn du sie genau be-
schreibst.« »Was war in den Taschen?«, fragte der freundliche fremde kleine
Herr, als Helwig mit seiner Beschreibung endete, wobei er nach den Worten
80 »auch innere Reißverschlüsse« schlucken musste. Helwig dachte nach. »Ein

Portemonnaie«, sagte er, »mit einer Mark zwanzig, ein Ta-
schentuch, ein Messer –«. Man las ihm alles noch einmal vor
und ließ ihn unterschreiben. »Wo kann ich mir die Jacke ab-
holen?« »Das wirst du hier noch erfahren, mein Junge«, sagte
85 der Direktor. [...]

Ein älterer Gärtner arbeitete, offenbar unberührt von der
ganzen Aufregung, ein paar Meter von der Absperrung weg
an einer Wegregulierung. Er war aus dem gleichen Ort wie
der kleine Helwig. Und der – sein zornig bleiches Gesicht war
90 inzwischen rot geworden, und eifrig und wichtig gab er auf

alle Fragen Antwort – blieb neben dem alten Gärtner nochmal stehen, vielleicht gerade, weil der ihn gar nichts fragte. »Ich soll meine Jacke wiederbekommen«, sagte der kleine Helwig. »So«, sagte der Gärtner. »Ich hab sie ganz genau beschreiben müssen.« »Und hast du sie ganz genau beschrieben?«,
95 fragte der Gärtner Kübler, ohne von seiner Arbeit aufzusehen. »Gewiss, ich hab doch gemusst«, sagte der Junge. Der Schulwart klingelte zum zweiten Mal Mittag. Im Speisesaal ging es von Neuem los. Es war auch schon hier ein Gerücht, dass in Liebau und Buchenau die Hitlerjugend mitsuchen durfte. Der kleine Helwig wurde ausgefragt. Jetzt war er aber schweigsam. Er schien ge-
100 gen einen neuen, stilleren Anfall von Kummer zu kämpfen. Dabei fiel ihm dennoch ein, dass in der Jacke auch eine Mitgliedskarte der Buchenauer Turner gesteckt hatte. Ob er das nachträglich noch melden sollte?

Was würde der Dieb mit der Karte machen? Er konnte sie einfach an einem Streichholz verbrennen. Aber woher nimmt ein Flüchtling ein Streichholz? Er
105 konnte sie einfach zerfetzen und in irgendeinen Abort werfen. Aber kann denn ein Flüchtling einfach wo hineingehen? Ach, einfach die Schnipsel irgendwo in die Erde getreten, dachte der Junge sonderbar beruhigt. Er machte dann einen Umweg und ging nochmals an dem alten Gärtner vorbei. [...] Er blieb auch jetzt ohne Grund hinter dem alten Kübler stehen, der an der Weg-
110 regulierung seine Zwiebeln versetzte. Der kleine Helwig war bei der Hitlerjugend und in der Gärtnerei gut angeschrieben und kam überall ganz gut vorwärts. Er war ein kräftiger, offener, anstelliger Junge. Dass jene Männer, die man im Lager Westhofen einsperrte, da hineingehörten wie Irre ins Irrenhaus, davon war er überzeugt.

115 »Du, Kübler«, sagte er. »Was?« »Ich hab auch meine Mitgliedskarte in der Jacke gehabt.« »Na, und?« »Ob ich das noch hinterher anmelden soll?« »Du hast ja alles angemeldet, du hast ja gemusst«, sagte der Gärtner.

Er sah jetzt zum ersten Mal an dem Jungen hinauf und sagte: »Mach dir keine Sorgen, du kriegst deine Jacke wieder.« »Ja, meinst du?«, sagte der Junge.
120 »Sicher. Sie werden ihn ganz bestimmt fangen, eher heut als morgen. Wie viel hat sie denn gekostet?« »Achtzehn Mark.« »Das war dann schon was Ordentliches«, sagte Kübler, als wollte er den Kummer des Jungen nochmals auffrischen, »da wird sie ja allerlei aushalten. Du wirst sie tragen, wenn du mit deinem Mädchen gehst. Und der«, er deutete unbestimmt durch die Luft über
125 Land, »der wird dann schon längst, längst tot sein.« Der Junge runzelte die Stirn. »Na, und?«, sagte er plötzlich grob und patzig. »Gar nichts«, sagte der alte Kübler, »überhaupt gar nichts.« »Warum hat er mich denn eben noch mal so angesehen?«, dachte der kleine Helwig. [...]

Günter Eich

Inventur

Dies ist meine Mütze,
dies ist mein Mantel,
hier mein Rasierzeug
im Beutel aus Leinen.

5 Konservenbüchse:
Mein Teller, mein Becher,
ich hab in das Weißblech
den Namen geritzt.

Geritzt hier mit diesem
10 kostbaren Nagel,
den vor begehrlichen
Augen ich berge.

Im Brotbeutel sind
ein Paar wollene Socken
15 und einiges, was ich
niemand verrate,

so dient er als Kissen
nachts meinem Kopf.
Die Pappe hier liegt
20 zwischen mir und der Erde.

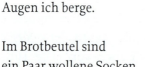

Die Bleistiftmine
lieb ich am meisten:
Tags schreibt sie mir Verse,
die nachts ich erdacht.

25 Dies ist mein Notizbuch,
dies meine Zeltbahn,
dies ist mein Handtuch,
dies ist mein Zwirn.

1 Stelle Vermutungen an, in welcher Situation sich das lyrische Ich befindet.

2 Das Gedicht ist in der Nachkriegszeit entstanden. Beschreibt Inhalt und Form und leitet daraus stichpunktartig Merkmale für diese literarische Epoche ab.

3 Vergleicht eure Ergebnisse mit dem Sachtext auf der folgenden Seite.

4 Die Bleistiftmine wird als der wertvollste Besitz des lyrischen Ichs aufgeführt (Z. 21 f.). Formuliere einen der Situation entsprechenden Eintrag in das Notizbuch.

Trümmerliteratur und Neubeginn

Als am 8. Mai 1945 mit der bedingungslosen Kapitulation Deutschlands der Zweite Weltkrieg endete, lag nicht nur das Land in Schutt und Asche. Zerstört waren auch die Ideale der Menschen – eingeholt von der grausamen Wirklichkeit des Krieges, dem allgegenwärtigen Tod und dem Kampf ums
5 nackte Überleben. Daher wird die Literatur der Nachkriegszeit auch als »Trümmerliteratur« bezeichnet.

Auf der Potsdamer Konferenz im August 1945 beschlossen die Siegermächte die Aufteilung Deutschlands und Berlins in vier Besatzungszonen (amerikanisch, englisch, französisch, sowjetisch), was später in die politische Teilung
10 des Landes mündete: Im September 1949 wurde die Bundesrepublik Deutschland gegründet, im Oktober 1949 folgte die Gründung der Deutschen Demokratischen Republik.

Viele Autoren in beiden Staaten bemühten sich um eine Aufarbeitung der NS-Diktatur. In der Bundesrepublik Deutschland suchten besonders junge
15 Autoren nach einer unbelasteten ideologiefreien Sprache und nach einer Form, Unaussprechliches auszudrücken. Sie forderten eine Reinigung, einen »Kahlschlag«. Neben der Kurzgeschichte, der wichtigsten Prosaform der Nachkriegszeit, und dem Hörspiel wurde die Lyrik zur bevorzugten Gattung. Man sah in ihr die beste Möglichkeit, Empfindungen und Erfahrungen auszu-
20 drücken. Inhaltlich war die Sprache jener Epoche durch präzise Beobachtungen, konkretes Benennen der Dinge und einen unbedingten Wahrheitsanspruch gekennzeichnet. Thematisiert wurde die Nachkriegswirklichkeit mit all ihren Facetten: Ruinen, Tod, Schuld, Gefangenschaft, Heimkehr und Not. Formal zeichnete sie sich durch einen spröden, nüchternen, knappen Stil aus.
25 Zu den Vertretern der Nachkriegsliteratur der Bundesrepublik Deutschland gehören Autoren wie Wolfgang Borchert, Heinrich Böll, Paul Celan, Nelly Sachs oder Erich Fried.

In der DDR schrieben nach Kriegsende vor allem heimgekehrte Emigranten wie Anna Seghers, Bertolt Brecht, Arnold Zweig, Johannes R. Becher oder
30 Erich Weinert. Der Schwerpunkt lag hier besonders auf der Darstellung des antifaschistischen Widerstands.

1 Stelle eine Autorin oder einen Autor der Nachkriegszeit vor. Gehe auch auf eines ihrer/seiner Bücher ein. Nutze für die Präsentation die Hinweise der Methodenseite (S. 129).

Heinrich Böll

An der Brücke

D ie haben mir meine Beine geflickt und haben mir einen Posten gegeben, wo ich sitzen kann: Ich zähle die Leute, die über die neue Brücke gehen. Es macht ihnen ja Spaß, sich ihre Tüchtigkeit mit Zahlen zu belegen, sie berauschen sich an diesem sinnlosen Nichts aus ein paar Ziffern, und den ganzen

5 Tag, den ganzen Tag geht mein stummer Mund wie ein Uhrwerk, indem ich Nummer auf Nummer häufe, um ihnen abends den Triumph einer Zahl zu schenken.

Ihre Gesichter strahlen, wenn ich ihnen das Ergebnis meiner Schicht mitteile, je höher die Zahl, umso mehr strahlen sie, und sie haben Grund, sich

10 befriedigt ins Bett zu legen, denn viele Tausende gehen täglich über ihre neue Brücke ...

Aber ihre Statistik stimmt nicht. Es tut mir leid, aber sie stimmt nicht. Ich bin ein unzuverlässiger Mensch, obwohl ich es verstehe, den Eindruck von Biederkeit zu erwecken.

15 Insgeheim macht es mir Freude, manchmal einen zu unterschlagen und dann wieder, wenn ich Mitleid empfinde, ihnen ein paar zu schenken. Ihr Glück liegt in meiner Hand. Wenn ich wütend bin, wenn ich nichts zu rauchen habe, gebe ich nur den Durchschnitt an, manchmal unter dem Durchschnitt, und wenn mein Herz aufschlägt, wenn ich froh bin, lasse ich meine

20 Großzügigkeit in einer fünfstelligen Zahl verströmen. Sie sind ja so glücklich! Sie reißen mir förmlich das Ergebnis jedes Mal aus der Hand, und ihre Augen leuchten auf, und sie klopfen mir auf die Schultern. Sie ahnen ja nichts! Und dann fangen sie an zu multiplizieren, zu dividieren, zu prozentualisieren, ich weiß nicht was. Sie rechnen aus, wie viel heute jede Minute über die Brücke

25 gehen und wie viel in zehn Jahren über die Brücke gegangen sein werden. Sie lieben das zweite Futur, das zweite Futur ist ihre Spezialität – und doch, es tut mir leid, dass alles nicht stimmt ...

Wenn meine kleine Geliebte über die Brücke kommt – und sie kommt zweimal am Tage –, dann bleibt mein Herz einfach stehen. Das unermüdliche

30 Ticken meines Herzens setzt einfach aus, bis sie in die Allee eingebogen und verschwunden ist. Und alle, die in dieser Zeit passieren, verschweige ich ihnen. Diese zwei Minuten gehören mir, mir ganz allein, und ich lasse sie mir nicht nehmen. Und auch wenn sie abends wieder zurückkommt aus ihrer Eisdiele, wenn sie auf der anderen Seite des Gehsteiges meinen stummen Mund

35 passiert, der zählen, zählen muss, dann setzt mein Herz wieder aus, und ich
fange erst wieder an zu zählen, wenn sie nicht mehr zu sehen ist. Und alle, die
das Glück haben, in diesen Minuten vor meinen blinden Augen zu defilieren[1],
gehen nicht in die Ewigkeit der Statistik ein […].

Es ist klar, dass ich sie liebe. Aber sie weiß nichts davon, und ich möchte
40 auch nicht, dass sie es erfährt. Sie soll nicht ahnen, auf welche ungeheure
Weise sie alle Berechnungen über den Haufen wirft, und ahnungslos und un-
schuldig soll sie mit ihren langen braunen Haaren und den zarten Füßen in
ihre Eisdiele marschieren, und sie soll viel Trinkgeld bekommen. Ich liebe sie.
Es ist ganz klar, dass ich sie liebe.

45 Neulich haben sie mich kontrolliert. Der Kumpel, der auf der anderen Seite
sitzt und die Autos zählen muss, hat mich früh genug gewarnt, und ich habe
höllisch aufgepasst. Ich habe gezählt wie verrückt, ein Kilometerzähler kann
nicht besser zählen. Der Oberstatistiker selbst hat sich drüben auf die andere
Seite gestellt und hat später das Ergebnis einer Stunde mit meinem Stunden-
50 plan verglichen. Ich hatte nur einen weniger als er. Meine kleine Geliebte war
vorbeigekommen, und […] diese meine kleine Geliebte soll nicht multipliziert
und dividiert und in ein prozentuales Nichts verwandelt werden. Mein Herz
hat mir geblutet, dass ich zählen musste, ohne ihr nachsehen zu können, und
dem Kumpel drüben, der die Autos zählen muss, bin ich sehr dankbar gewe-
55 sen. Es ging ja glatt um meine Existenz.

Der Oberstatistiker hat mir auf die Schulter geklopft und hat gesagt, dass
ich gut bin, zuverlässig und treu. »Eins in der Stunde verzählt […] macht nicht
viel. Wir zählen sowieso einen gewissen prozentualen Verschleiß hinzu. Ich
werde beantragen, dass Sie zu den Pferdewagen versetzt werden.«
60 Pferdewagen ist natürlich die Masche. Pferdewagen ist ein Lenz wie nie zuvor. Pferdewagen gibt es höchstens fünfundzwanzig am Tage, und alle halbe
Stunde einmal in seinem Gehirn die nächste Nummer fallen zu lassen, das ist
ein Lenz!

Pferdewagen wäre herrlich. Zwischen vier und acht dürfen überhaupt
65 keine Pferdewagen über die Brücke, und ich könnte spazieren gehen oder in
die Eisdiele, könnte sie mir lange anschauen oder sie vielleicht ein Stück nach
Hause bringen, meine kleine, ungezählte Geliebte …

1 parademäßig vorüberziehen

① Weise nach, dass diese Kurzgeschichte zur Nachkriegsliteratur gehört.

② Beschreibe die skizzierte Lebenssituation des Ich-Erzählers.

Das folgende Stück entstand 1947 und ist eines der bekanntesten Dramen der Nachkriegszeit, das zuerst als Hörspiel aufgeführt wurde. Beckmann, ein Frontheimkehrer, sieht sich einer Nachkriegsgesellschaft gegenübergestellt, die längst in eine scheinbare Normalität zurückgekehrt ist und von seinen Kriegserlebnissen nichts wissen will.

1 Lies den Auszug aus der 5. Szene des Dramas oder höre dir die Hörspielfassung an. Beschreibe, mit welcher Situation Beckmann konfrontiert wird.

Wolfgang Borchert

Draußen vor der Tür

Beckmann Wo ist denn unser Messingschild? Die andern Namen im Haus sind doch auch noch alle an ihren Türen. Wie immer. Warum steht hier denn nicht mehr Beckmann? Da kann man doch nicht einfach einen anderen Namen annageln, wenn da dreißig Jahre lang Beckmann angestanden hat.

5 Wer ist denn dieser Kramer!?

Er klingelt. Die Tür geht kreischend auf.

Frau Kramer *(mit einer gleichgültigen, grauenhaften, glatten Freundlichkeit, die furchtbarer ist als alle Rohheit und Brutalität)*

Was wollen Sie?

10 **Beckmann** Ja, guten Tag, ich –

Frau Kramer Was?

Beckmann Wissen Sie, wo unser Messingschild geblieben ist?

Frau Kramer Was für ein »unser Schild«?

Beckmann Das Schild, das hier immer an war. Dreißig Jahre lang.

15 **Frau Kramer** Weiß ich nicht.

Beckmann Wissen Sie denn nicht, wo meine Eltern sind?

Frau Kramer Wer sind denn das? Wer sind Sie denn?

Beckmann Ich heiße Beckmann. Ich bin hier doch geboren. Das ist doch unsere Wohnung.

20 **Frau Kramer** *(immer mehr schwatzhaft und schnodderig als absichtlich gemein)* Nein, das stimmt nicht. Das ist unsere Wohnung. Geboren können Sie hier ja meinetwegen sein, das ist mir egal, aber Ihre Wohnung ist das nicht. Die gehört uns.

Beckmann Ja, ja. Aber wo sind denn meine Eltern geblieben? Die müssen doch

25 irgendwo wohnen!

Frau Kramer Sie sind der Sohn von diesen Leuten, von diesen Beckmanns, sagen Sie? Sie heißen Beckmann?

Beckmann Ja, natürlich, ich bin Beckmann. Ich
30   bin doch hier in dieser Wohnung geboren.

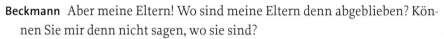

Frau Kramer Das können Sie ja auch. Das ist mir ganz egal. Aber die Wohnung gehört uns.

Beckmann Aber meine Eltern! Wo sind meine Eltern denn abgeblieben? Können Sie mir denn nicht sagen, wo sie sind?

35 **Frau Kramer** Das wissen Sie nicht? Und Sie wollen der Sohn sein, sagen Sie? Sie kommen mir aber vor! Wenn Sie das nicht mal wissen, wissen Sie?

Beckmann Um Gottes willen, wo sind sie denn hin, die alten Leute? Sie haben hier dreißig Jahre gewohnt, und nun sollen sie mit einmal nicht mehr da sein? Reden Sie doch was! Sie müssen doch irgendwo sein!

40 **Frau Kramer** Doch. Soviel ich weiß: Kapelle 5.

Beckmann Kapelle 5? Was für eine Kapelle 5 denn?

Frau Kramer *(resigniert, eher wehleidig als brutal)* Kapelle 5 in Ohlsdorf. Wissen Sie, was Ohlsdorf ist? Ne Gräberkolonie. Wissen Sie, wo Ohlsdorf liegt? Bei Fuhlsbüttel. Da oben sind die drei Endstationen von Hamburg. In Fuhlsbüttel
45   das Gefängnis, in Alsterdorf die Irrenanstalt. Und in Ohlsdorf der Friedhof. Sehen Sie, und da sind sie geblieben, Ihre Alten. [...]

Beckmann Was machen sie denn da? Sind sie denn tot? [...] Ich war drei Jahre lang in Sibirien. Über tausend Tage. [...] Warum sind sie denn gestorben? Sie hatten doch gar keinen Grund. Sie können doch nicht so einfach still-
50   schweigend wegsterben!

Frau Kramer *(vertraulich, schlampig, auf raue Art sentimental)* Na, Sie sind vielleicht 'ne Marke, Sie komischer Sohn. Gut, Schwamm drüber. Tausend Tage Sibirien ist auch kein Spaß. Versteh schon, wenn man dabei durchdreht und in die Knie geht. Die alten Beckmanns konnten nicht mehr, wissen Sie.
55   Hatten sich ein bisschen verausgabt im Dritten Reich, das wissen Sie doch. Was braucht so ein alter Mann noch Uniform zu tragen. Und dann war er ein bisschen doll auf die Juden, das wissen Sie doch, Sie, Sohn, Sie. Die Juden konnte Ihr Alter nicht verknusen. Die regten seine Galle an. Er wollte sie alle eigenhändig nach Palästina jagen, hat er immer gedonnert. [...] Warum
60   konnte er auch seinen Mund nicht halten. War eben zu aktiv, der alte Beckmann. Und als es nun vorbei war mit den braunen Jungs, da haben sie ihm mal ein bisschen auf den Zahn gefühlt. Na, und der Zahn war ja faul, das muss man wohl sagen, der war ganz oberfaul. – [...]

Beckmann Weiter. Was ist mit meinem Vater? Erzählen Sie doch weiter. [...]

65 **Frau Kramer** Da ist nichts mehr zu erzählen. An die Luft gesetzt haben sie Ihren Papa, ohne Pension, versteht sich. Und dann sollten sie noch aus der Wohnung raus. Nur den Kochtopf durften sie behalten. Das war natürlich trübe. Und das hat den beiden Alten den Rest gegeben. Da konnten sie wohl nicht mehr. Und die mochten auch nicht mehr. Na, da haben sie sich dann

70 selbst endgültig entnazifiziert. Das war nun wieder konsequent von Ihrem Alten, das muss man ihm lassen.

Beckmann Was haben sie? Sich selbst –

Frau Kramer *(mehr gutmütig als gemein)* Entnazifiziert. Das sagen wir so, wissen Sie. Das ist so ein Privatausdruck von uns. Ja, die alten Herrschaften von

75 Ihnen hatten nicht mehr die rechte Lust. Einen Morgen lagen sie steif und blau in der Küche. So was Dummes, sagt mein Alter, von dem Gas hätten wir einen ganzen Monat kochen können.

Beckmann *(leise, aber furchtbar drohend)* Ich glaube, es ist gut, wenn Sie die Tür zumachen, ganz schnell. Ganz schnell! Und schließen Sie ab. Machen Sie

80 ganz schnell Ihre Tür zu, sag ich Ihnen! Machen Sie! *(Die Tür kreischt, Frau Kramer schreit hysterisch, die Tür schlägt zu.)*

Beckmann *(leise)* Ich halt es nicht aus! Ich halt es nicht aus! Ich halt es nicht aus! [...] Nein, dieses Leben ist weniger als Nichts. Ich mach nicht mehr mit, du! [...] Das Leben ist so:

85 1 Akt: Grauer Himmel. Es wird einem wehgetan.

2. Akt: Grauer Himmel. Man tut wieder weh.

3. Akt: Es wird dunkel und es regnet.

4. Akt: Es ist noch dunkler. Man sieht eine Tür.

5. Akt: Es ist Nacht, tiefe Nacht, und die Tür ist zu. Man steht draußen.

90 Draußen vor der Tür. An der Elbe steht man, an der Seine, an der Wolga, am Mississippi. Man steht da, spinnt, friert, hungert und ist verdammt müde. Und dann auf einmal plumpst es, und die Wellen machen niedliche kleine kreisrunde Kreise, und dann rauscht der Vorhang.

2 Wie werden Entsetzen und zunehmende Ernüchterung des Heimkehrers Beckmann verdeutlicht? Beurteile dabei Frau Kramers Verhalten.

3 Lies Borcherts Kurzgeschichte »Die Küchenuhr« (S. 74–76) und weise nach, dass auch sie ein typisches Beispiel für die Literatur der Nachkriegszeit ist.

Eine Autorin / einen Autor vorstellen

Folgende Hinweise helfen dir, Leben und Werk einer Autorin / eines Autors informativ und anschaulich zu präsentieren.

1. Informationen beschaffen

– aus Nachschlagewerken und Internet informatives und interessantes Material zu Leben und Werk der Autorin / des Autors zusammentragen
– nach Schwerpunkten sortieren: biografische Daten, Informationen zur literarischen Epoche, Themen der wichtigsten Werke, Anekdoten usw.

2. Präsentation gliedern und gestalten

– in der Einleitung die persönliche Bedeutung der Autorin / des Autors nennen, ein Zitat vortragen oder visualisieren oder eine Anekdote erzählen
– biografische Daten in einer Mindmap oder in einem Zeitstrahl anordnen, Bildmaterial einsetzen, auflockernd anekdotische Begebenheit einflechten
– den Zusammenhang zwischen literarischer Epoche, historischen Ereignissen und dem Werk aufzeigen (Umstände des Schreibens, wiederkehrende Themen)
– einen Überblick über Gesamtwerk geben (zentrale Themen, bevorzugtes Genre)
– die Bedeutung im literarischen Schaffen ihrer/seiner Zeit einschätzen (z.B. durch Aussagen von Literaturkritikern, Wegbegleitern oder anderen Autoren)
– ein Gedicht oder einen Textauszug für eine Leseprobe auswählen, evtl. Autorenlesung auf CD beschaffen

1900	1920	1925	1927		1983
geb. als Netty Reiling in Mainz	Abitur	Heirat	erste Veröffentlichung unter Künstlername Seghers		Tod in Berlin

3. Präsentation vorbereiten

– in Stichpunkten Inhalt und Hinweise auf Medieneinsatz notieren
– ein Handout für die Zuhörer anfertigen (wichtige Informationen oder Literaturtipps) und in ausreichender Stückzahl kopieren
– den ausdrucksvollen Vortrag der Leseprobe üben

1 Stelle eine Autorin / einen Autor dieses Kapitels vor.

2 Stellt eure Präsentationen vor. Schätzt ein, was euch bereits gut gelungen ist, und gebt einander Hinweise, was ihr noch verbessern könnt.

Die folgende Erzählung entstand 1940, spielt aber zur Zeit des Dreißigjährigen Kriegs (ab 1618) in und um Augsburg. Katholische Soldaten fallen plündernd und mordend in die Stadt ein, der Gerbereibesitzer Zingli wird erschlagen. Seine Frau rettet auf der Flucht Kleider und Schmuck, lässt aber ihr einziges Kind zurück. Die Magd Anna nimmt sich des Kindes an, doch nach Kriegsende fordert die heimkehrende Frau Zingli das Kind zurück. Anna wendet sich an ein Gericht, das die Frage nach der rechtmäßigen Mutter klären soll.

1 Lies den Auszug aus der Gerichtsszene. Beurteile das Vorgehen des Richters und seinen abschließenden Richterspruch.

Bertolt Brecht

Der Augsburger Kreidekreis

Dann ergriff der Richter wieder seufzend das Wort.
»Es ist nicht festgestellt worden, wer die rechte Mutter ist«, sagte er. »Das Kind ist zu bedauern. Man hat schon gehört, daß die Väter sich oft drücken und nicht die Väter sein wollen, die Schufte, aber hier melden sich gleich zwei
5 Mütter. Der Gerichtshof hat ihnen so lange zugehört, wie sie es verdienen, nämlich einer jeden geschlagene fünf Minuten, und der Gerichtshof ist zu der Überzeugung gelangt, daß beide wie gedruckt lügen. Nun ist aber, wie gesagt, auch noch das Kind zu bedenken, das eine Mutter haben muß. Man muß also, ohne auf bloßes Geschwätz einzugehen, feststellen, wer die rechte Mutter des
10 Kindes ist.«
    Und mit ärgerlicher Stimme rief er den Gerichtsdiener und befahl ihm, eine Kreide zu holen. Der Gerichtsdiener ging und brachte ein Stück Kreide.
    »Zieh mit der Kreide da auf dem Fußboden einen Kreis, in dem drei Personen stehen können«, wies ihn der Richter an.
15   Der Gerichtsdiener kniete nieder und zog mit der Kreide den gewünschten Kreis.
    »Jetzt bring das Kind«, befahl der Richter.
    Das Kind wurde hereingebracht. Es fing wieder an zu heulen und wollte zu Anna. Der alte Dollinger kümmerte sich nicht um das Geplärr und hielt seine
20 Ansprache nur in etwas lauterem Ton.
    »Diese Probe, die jetzt vorgenommen werden wird«, verkündete er, »habe ich in einem alten Buch gefunden, und sie gilt als recht gut. Der einfache Grundgedanke der Probe mit dem Kreidekreis ist, daß die rechte Mutter an

ihrer Liebe zum Kind erkannt wird.
25 Also muß die Stärke dieser Liebe erprobt werden. Gerichtsdiener, stell das Kind in diesen Kreidekreis!«

Der Gerichtsdiener nahm das plärrende Kind von der Hand der Amme 30 und führte es in den Kreis. Der Richter fuhr fort, sich an Frau Zingli und Anna wendend:

»Stellt auch ihr euch in den Kreidekreis, faßt jede eine Hand des Kindes, 35 und wenn ich ›los‹ sage, dann bemüht euch, das Kind aus dem Kreis zu ziehen. Die von euch die stärkere Liebe hat, wird auch mit der größeren Kraft ziehen und so das Kind auf ihre Seite bringen.«

Im Saal war es unruhig geworden. Die Zuschauer stellten sich auf die Fuß-
40 spitzen und stritten sich mit den vor ihnen Stehenden.

Es wurde aber wieder totenstill, als die beiden Frauen in den Kreis traten und jede eine Hand des Kindes faßte. Auch das Kind war verstummt, als ahnte es, um was es ging. Es hielt sein tränenüberströmtes Gesichtchen zu Anna emporgewendet.

45 Dann kommandierte der Richter »los«.

Und mit einem einzigen heftigen Ruck riß Frau Zingli das Kind aus dem Kreidekreis.

Verstört und ungläubig sah Anna ihm nach. Aus Furcht, es könne Schaden erleiden, wenn es an beiden Ärmchen zugleich in zwei Richtungen gezogen 50 würde, hatte sie es sogleich losgelassen.

Der alte Dollinger stand auf.

»Und somit wissen wir«, sagte er laut, »wer die rechte Mutter ist. Nehmt der Schlampe das Kind weg. Sie würde es kalten Herzens in Stücke reißen.« Und er nickte Anna zu und ging schnell aus dem Saal, zu seinem Frühstück.

55 Und in den nächsten Wochen erzählten sich die Bauern der Umgebung, die nicht auf den Kopf gefallen waren, daß der Richter, als er der Frau aus Mering das Kind zusprach, mit den Augen gezwinkert habe. ☒

2 Informiere dich im Internet über den Ursprung des Kreidekreis-Motivs.

●●● **3** Lies zum Vergleich Brechts Theaterstück »Der kaukasische Kreidekreis«.

Das folgende Gedicht stammt aus der Sammlung »Svendborger Gedichte« – benannt nach dem dänischen Ort Svendborg auf Fünen, wo sich Brecht während seines Exils (1933–1938) aufhielt.

❶ Lies das Gedicht und notiere deine ersten Eindrücke.

Bertolt Brecht

Der Pflaumenbaum

Im Hofe steht ein Pflaumenbaum
Der ist so klein, man glaubt es kaum.
Er hat ein Gitter drum
So tritt ihn keiner um.

5 Der Kleine kann nicht größer wer'n.
Ja größer wer'n, das möcht er gern.
's ist keine Red davon
Er hat zu wenig Sonn.

Den Pflaumenbaum glaubt man ihm kaum
10 Weil er nie eine Pflaume hat
Doch er ist ein Pflaumenbaum
Man kennt es an dem Blatt.
R

❷ Versetze dich in die Lage dieses Pflaumenbaums. Beschreibe, wie er sich in seinem kümmerlichen Dasein fühlen mag und wonach er sich sehnt.

❸ Übertragt die Situation des Pflaumenbaums auf das menschliche Leben (zu Brechts Lebzeiten und heute) und stellt Hypothesen zur möglichen Symbolik auf.

❹ Stellt Brecht als Autor vor. Bereitet euch in Gruppen jeweils auf eine bestimmte Lebensphase vor.

Kapitel 7

Projekt: Fantastische Motive der Weltliteratur

1 Betrachte die Abbildungen. Welche fantastischen Wesen werden hier dargestellt? Nenne weitere, die du kennst.

2 Erinnere dich an ein Buch oder einen Film, in dem es um fantastische Phänomene ging, und stelle den Inhalt vor.

3 Tauscht euch darüber aus, warum manche Menschen an Übersinnliches glauben. Wie steht ihr selbst dazu?

Christian Morgenstern

Der Werwolf

Ein Werwolf eines Nachts entwich
von Weib und Kind und sich begab
an eines Dorfschullehrers Grab
und bat ihn: »Bitte, beuge mich!«

5 Der Dorfschulmeister stieg hinauf
auf seines Blechschilds Messingknauf
und sprach zum Wolf, der seine Pfoten
geduldig kreuzte vor dem Toten:

»Der Werwolf«, sprach der gute Mann,
10 »des Weswolfs, Genitiv sodann,
dem Wemwolf, Dativ, wie man's nennt,
den Wenwolf – damit hat's ein End'.«

Dem Werwolf schmeichelten die Fälle,
er rollte seine Augenbälle.
15 »Indessen«, bat er, »füge doch
zur Einzahl auch die Mehrzahl noch!«

Der Dorfschulmeister aber musste
gestehn, dass er von ihr nichts wusste.
Zwar Wölfe gäb's in großer Schar,
20 doch »Wer« gäb's nur im Singular.

Der Wolf erhob sich tränenblind –
er hatte ja doch Weib und Kind!
Doch da er kein Gelehrter eben,
so schied er dankend und ergeben.

1 Erkläre, worin der Witz dieser Parodie besteht.

2 Tragt das Gedicht zu dritt szenisch vor. Probiert verschiedene Haltungen aus, um
die Komik gut darzustellen.

Projekt: Über das Fantastische

Die hohen Verkaufszahlen von Fantasy-Romanen und die Erfolge der »Bis(s)«-Filme vom schönen Vampir Edward zeigen, dass das Fantastische in Büchern und Filmen eine große Faszination auf Leser und Zuschauer ausübt. Und das nicht erst seit ein paar Jahren, sondern über mehrere Jahrhunderte in vielen Ländern der Erde. Um zu diesem Thema ein Projekt zu organisieren, könnt ihr nach einem Brainstorming eine Ideenlandschaft erstellen, z. B. in Form eines Plakats.

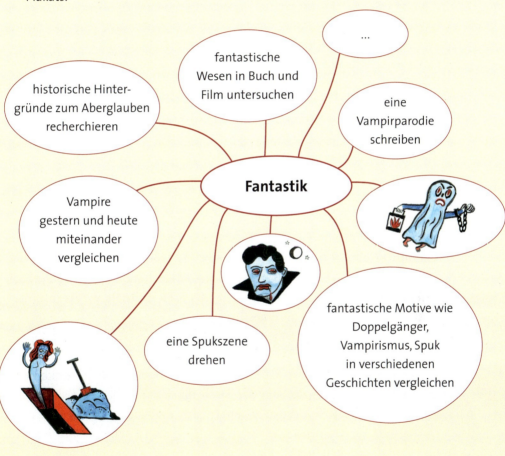

1. Ergänzt die Ideenlandschaft mit euren Projektideen.

2. Erarbeitet jeweils zu einer der Ideen einen Projektbeitrag und präsentiert ihn. Das kann ein Vortrag, Kurzfilm oder -horspiel, eine Ausstellung, Umfrage usw. sein.

Der wohl bekannteste Vampirroman wurde 1897 von dem Engländer Bram Stoker verfasst, nach dessen Vorlage auch viele Filme entstanden. Im ersten Teil reist der junge Jonathan Harker geschäftlich nach Transsilvanien zum Grafen Dracula. Was er dort erlebt, hält er in einem Tagebuch fest.

Bram Stoker

Dracula

5. Mai

Plötzlich erwachte ich. Der Fahrer fuhr in den Hof einer riesigen Schlossruine. Aus den hohen schwarzen Fenstern drang kein Lichtstrahl und die verfallenen Mauern bildeten eine zerklüftete Silhouette gegen den mond-
5 erleuchteten Himmel. Der Kutscher half mir beim Aussteigen, dann verschwand er. Nach einer Weile, die mir endlos vorkam, hörte ich schwere Schritte hinter dem großen Portal und sah durch die Ritzen den Schein eines sich nähernden Lichtes. Ketten rasselten und schwere Riegel wurden zurückgezogen. Ein Schlüssel drehte sich im Schloss und die Tür schwang auf.
10 Dahinter stand ein großer alter Mann mit langem weißem Schnurrbart, von Kopf bis Fuß in Schwarz gekleidet. In der Hand hielt er eine altertümliche Silberlampe, deren Flamme flackernde Schatten warf. Er winkte mich herein und sprach: »Willkommen in meinem Haus. Treten Sie frei und nach eigenem Gutdünken ein.«

15 Er stand da wie eine Statue. Doch sobald ich eintrat, ergriff er meine Hand mit der seinen, die sich kalt wie Eis anfühlte – fast wie die eines Toten.

»Graf Dracula?«, fragte ich.

»Ich bin Dracula und begrüße Sie in meinem Haus,
20 Mr. Harker.« Er führte mich zu einem hell erleuchteten Raum, in dem der Tisch für das Abendessen gedeckt war. Mein Gastgeber lehnte sich an einen mächtigen Kamin. Huldvoll wies er mit der Hand zum Tisch und sprach: »Bitte nehmen Sie Platz. Sie werden gewiss entschuldigen, dass ich
25 Ihnen keine Gesellschaft leiste, doch ich habe bereits gespeist.«

Ich musterte ihn. Sein Gesicht war scharf geschnitten, mit merkwürdig gebogenen Nasenlöchern. Der Mund unter dem schweren Schnurrbart sah starr und grausam aus. Spitze

30 weiße Zähne ragten über die Lippen, die für einen Mann seines Alters bemerkenswert rot leuchteten. Die Ohren waren bleich und spitz, die Fingernägel lang und schmal und spitz zugeschnitten. Es klingt seltsam, doch seine Handflächen waren behaart. Als er sich zu mir neigte, überkam mich ein

35 fürchterliches Gefühl der Übelkeit. Er bemerkte es und wich zurück. Ich blickte aus dem Fenster und sah, dass die Dämmerung hereinbrach, und ich hörte das Geheul vieler Wölfe. Des Grafen Augen glitzerten. »Hören Sie nur – die Kinder der Nacht. Welch schöne Musik sie machen.« Dann erhob er sich

40 und sagte: »Sie müssen müde sein. Ihr Schlafzimmer steht bereit. Ich werde bis morgen fort sein, also schlafen Sie wohl.«

8. Mai

Dieses Schloss hat etwas so Merkwürdiges, dass ich nicht umhinkann, mich unbehaglich zu fühlen. Ich wünschte, ich hätte bereits alles hinter

45 mir oder wäre überhaupt nie hierhergekommen. Die ganze Nacht über blieb ich beim Grafen und wir sprachen über die gesetzlichen Bedingungen des Kaufes von Carfax, einem Haus östlich von London.

Ich schlief nur wenige Stunden, doch als ich am Nachmittag erwachte, war es schon dunkel. Ich hängte meinen Rasierspiegel am Fenster auf und begann

50 mit der Rasur. Plötzlich fühlte ich eine Hand auf meiner Schulter und hörte die Stimme des Grafen: »Guten Morgen.« Da erschrak ich und schnitt mich leicht. Ich grüßte zurück und machte weiter. Zu meiner Verwunderung war im Spiegel kein Ebenbild des Grafen zu erkennen, obwohl er hinter mir stand. Ich sah, dass der Schnitt ein wenig blutete und mir die Tropfen über das Kinn

55 sickerten. Ich suchte nach einem Pflaster. Als der Graf mein Gesicht sah, glühten seine Augen und er griff nach meiner Kehle. Dann berührte er mit der Hand den Rosenkranz[1] und sein Rasen verflog so schnell, dass ich kaum glauben konnte, es habe stattgefunden.

1 eine geweihte Perlenschnur, an der Katholiken eine Gebetsreihe abzählen; im Roman trägt Jonathan einen Rosenkranz um den Hals, das Geschenk einer abergläubischen Wirtin

1 Notiere alle Informationen zum äußeren Erscheinungsbild und Verhalten des Grafen Dracula.

2 Suche Textstellen, die die Gefühle des Ich-Erzählers wiedergeben.

Nach einer Weile bemerkt Jonathan weitere unheimliche Dinge: Der Graf klettert steile Mauern empor, indem er sein Gewand wie Fledermausflügel aufspannt. Am Tage schläft er in einem Sarg und sieht wie ein junger Mann aus. Während Jonathan versucht, das Schloss zu verlassen, macht sich seine Verlobte Mina in England große Sorgen – um ihn und um ihre Freundin Lucy.

3 Lies den folgenden Textauszug aus Minas Tagebuch. Stelle Vermutungen darüber an, was passiert sein könnte.

6. August

60 Immer noch nichts Neues von Jonathan, doch jetzt fürchte ich auch um Lucy. Sie ist wieder in die Gewohnheit des Schlafwandelns verfallen und sehr bleich geworden. Natürlich macht sich auch ihre Mutter Sorgen um sie und bat mich, nachts die Schlafzimmertür zu verschließen. Eine seltsame Unruhe hat von Lucy Besitz ergriffen, selbst im Schlaf noch scheint sie mich zu beob-
65 achten. Wenn sie die Tür verschlossen findet, läuft sie auf der Suche nach einem Schlüssel im Zimmer umher. Heute Abend wirkt Lucy aufgeregter denn je. Während ich dies schreibe, ziehen dunkle Sturmwolken auf. Die Fischer beeilen sich, mit ihren Booten heimzukommen. [...]

11. August

70 Letzte Nacht erwachte ich mit einem fürchterlichen Angstgefühl. Lucy lag nicht im Bett und die Tür, die ich abgeschlossen hatte, stand offen. Ich nahm einen großen Schal und lief hinaus. Die Uhr schlug eins, als ich im Crescent[2] stand. Keine Menschenseele in Sicht.
Am Rand der Westklippe schaute ich über den Hafen zur Abtei. Am Him-
75 mel stand der helle Vollmond und auf unserer Lieblingsbank saß eine Gestalt. Meine Knie zitterten, als ich die endlosen Stufen zur Abtei emporkletterte. Angstvoll rief ich: »Lucy! Lucy!« Etwas Langes und Schwarzes war über ihren halb zurückgelehnten Körper gebeugt; es hob seinen Kopf und ich blickte in rote, glühende Augen. Doch als ich die Bank erreichte, traf ich Lucy allein und
80 noch schlafend an. Ich schlang den wärmenden Schal um sie, damit sie sich in der Nachtluft keine Erkältung zuzöge. Ich befestigte den Schal mit einer großen Sicherheitsnadel. Dabei muss ich sie wohl ungeschickterweise gestochen haben, denn sie führte die Hand zur Kehle und stöhnte. Ich schüttelte sie ein paar Mal, bis sie endlich aufwachte. Daheim angekommen, steckte ich sie ins

2 halbmondförmige Häuserreihe

85 Bett. Es tat mir leid zu sehen, welche Verletzung ihr mein ungeschicktes Hantieren mit der Sicherheitsnadel zugefügt hatte. Am Hals war ihre Haut durchbohrt und auf ihrem Nachthemd fand sich Blut.

17. August

In den letzten Tagen habe ich es nicht über mich gebracht zu schreiben. Es
90 ist, als legte sich ein dunkler Schatten über unser Glück. Nichts Neues von Jonathan, und Lucy scheint immer schwächer zu werden, was ich nicht begreife. Sie isst und schläft gut und genießt die frische Luft, doch ihre Wangen werden zusehends blasser und Tag für Tag lassen ihre Kräfte nach. Nachts steht sie auf und sitzt am offenen Fenster. Die winzigen Wunden an ihrem
95 Hals sind nicht verheilt, sondern allenfalls größer geworden.

4 Beschreibe die Symptome, die Lucy aufweist.

5 Untersuche in beiden Textauszügen die sprachliche Gestaltung. Wodurch werden Spannung und eine bedrohliche Atmosphäre erzeugt?

6 Recherchiert im Internet oder Lexikon, wie sich die Menschen dem Aberglauben nach vor Vampiren schützten.

7 Betrachte die Filmbilder. Benenne die typischen Merkmale des Vampirs.

Fachübergreifendes
Vampirglaube und historisches Vorbild

In vielen Ländern Osteuropas glaubten die Menschen an Blut saugende Vampire. In historischen Dokumenten wurden unheimliche Beobachtungen festgehalten, z. B. in einem Bericht aus dem Jahr 1732, in einem Grab »*befande sich ein Mägdlein von 10 Jahren, welche vor 2 Monathen gestorben, in obangezoge-*
5   *nem Stande gantz vollkommen und unverwesen, und hatte in der Brust viel frisches Geblüt.*«[1]

Im Volksglauben ist der Vampir ein wieder auferstandener Toter, der Menschen oder Tieren das Blut aussaugt. Er nimmt zuweilen die Gestalt eines Wolfes oder einer Fledermaus an. Auch von verführerischen weiblichen Vampi-
10 ren ist in Legenden und Geschichten die Rede. Wer vom Vampir gebissen wird, wird ebenfalls zum Vampir. Als Schutz gelten Knoblauch, Kreuze oder Weihwasser. Um einen Vampir zu töten, so heißt es, muss man einen Pfahl durch sein Herz stoßen. Außerdem kann Sonnenlicht einen Vampir vernichten, der dann zu Staub zerfällt.
15 Viele dieser Merkmale weisen auch die Vampire in Büchern, Filmen und TV-Serien auf. Dazu werden immer wieder neue Eigenschaften in das Motiv eingebracht, z. B. durch den Film »Nosferatu« von 1922, in dem der Vampir die Pest verbreitet.

Dass die Heimat von Bram Stokers »Dracula« in Transsilva-
20 nien liegt, einer Gegend in den Karpaten, ist kein Zufall. Dort lebte im 15. Jahrhundert Vlad Dracula, Fürst der Walachei und ein grausamer Tyrann, der Tausende Menschen foltern und töten ließ. Es wird berichtet, dass er mit Vergnügen seine Mahlzeiten zwischen den aufgespießten Körpern seiner Opfer einnahm.
25 Übrigens: In Südamerika gibt es eine Fledermausart, die sich tatsächlich vom Blut anderer Säugetiere ernährt. Der Biss der Vampirfledermaus ist sogar gefährlich, weil sie Tollwut überträgt.

Historisches Porträt von Vlad Dracula.

1 Aus: Von denen Vampiren oder Menschensaugern. Dichtungen und Dokumente. Herausgegeben von Dieter Sturm und Klaus Völker. München, Carl Hanser Verlag, 1968, S. 454.

1 Suche auf einer Karte, wo Transsilvanien liegt.

2 Das Vampirmotiv wurde in der Literatur und im Film vielfältig gestaltet. Leih in der Bibliothek ein Werk aus, das von Vampiren handelt, und stelle es vor.

Bella zieht zu ihrem Vater in die verregnete Kleinstadt Forks. Gleich am ersten Schultag fällt ihr der makellos schöne Edward auf und bald passieren unerklärliche Dinge: Er scheint immer schon vorher zu wissen, wenn sie in Gefahr gerät, und rettet sie. Dann fällt ihr auf, dass er nie etwas isst und bei schönem Wetter nicht in die Schule kommt. Als sie von einer alten Legende und einem Gerücht hört, will sie mehr wissen.

Stephenie Meyer

Bis(s) zum Morgengrauen

Worauf bist du denn neugierig?«
»Zum Beispiel, wie alt du bist.«
»Siebzehn«, antwortete er, ohne zu zögern.
»Und wie lange bist du schon siebzehn?«

5 Er starrte auf die Straße; seine Lippen zuckten. »Eine Weile«, gab er schließlich zu.

»Okay.« Ich lächelte, froh darüber, dass er immer noch aufrichtig war. [...]

»Bitte nicht lachen – aber wie kommt es, dass du tagsüber rausgehen kannst?«

10 Er lachte trotzdem. »Alles Mythos.«

»Ihr werdet nicht von der Sonne verbrannt?«

»Mythos.«

»Ihr schlaft auch nicht in Särgen?«

»Mythos.« Er zögerte einen Moment, dann bekam seine Stimme einen ei-

15 genartigen Klang. »Ich kann nicht schlafen.«

Ich brauchte eine Weile, um das zu schlucken. »Gar nicht?«

»Nie«, sagte er mit fast tonloser Stimme. Er sah mich wehmütig an. Seine goldenen Augen fixierten meine, und ich verlor den Faden. Ich konnte ihn nur noch anstarren, bis er seinen Blick abwandte.

20 »Das Wichtigste hast du mich noch gar nicht gefragt.« Seine Stimme klang abweisend, und als er mich wieder ansah, waren seine Augen kalt.

Ich blinzelte, noch immer benommen. »Das wäre?«

»Machst du dir keine Gedanken über meine Ernährung?«, fragte er sarkastisch.

25 »Ach so«, murmelte ich. »Das meinst du.«

»Ja, das.« Seine Stimme klang mutlos. »Willst du nicht wissen, ob ich Blut trinke?«

Ich schrak vor seinen Worten zurück. »Na ja, Jacob hat was dazu gesagt.«

»Und was hat Jacob gesagt?«, fragte er trocken.

30 »Er hat gesagt, dass ihr keine ... Menschen jagt. [...] Verrat mir, warum du Tiere jagst und keine Menschen«, sagte ich. [...]

»Ich *möchte* kein Monster sein.« Seine Stimme war sehr leise.

»Aber Tiere genügen nicht?«

Er überlegte. »Ich bin mir natürlich nicht sicher, aber vielleicht kann man 35 es mit einer Ernährung auf Tofu- und Sojamilchbasis vergleichen. Wir nennen uns Vegetarier – unser kleiner Insiderwitz. Es stillt nicht vollständig den Hunger oder vielmehr den Durst. Aber es gibt genügend Kraft, um widerstehen zu können. Meistens zumindest.« Seine Stimme bekam einen unheilvollen Klang. »Zu manchen Zeiten ist es schwerer als zu anderen.«

40 »Ist es jetzt gerade schwer?«, fragte ich.

Er seufzte. »Ja.«

»Aber du bist im Augenblick nicht hungrig«, sagte ich voller Überzeugung – es war eine Feststellung, keine Frage. [...]

Es gab drei Dinge, deren ich mir absolut sicher war: Erstens, Edward war ein 45 Vampir. Zweitens, ein Teil von ihm – und ich wusste nicht, wie mächtig dieser Teil war – dürstete nach meinem Blut. Und drittens, ich war bedingungslos und unwiderruflich in ihn verliebt. [...]

»Warum seid ihr eigentlich am Wochenende zum ... Jagen in die Goat Rocks Wilderness gefahren? Charlie meinte, das sei keine gute Gegend, wegen der 50 vielen Bären.«

Er schaute mich an, als hätte ich etwas sehr Offensichtliches nicht mitbekommen.

»Bären?« Ich schnappte nach Luft, und er grinste. »Und das, obwohl keine Jagdsaison ist«, fügte ich tadelnd hinzu, um meine Entgeisterung zu überspie-55 len.

»Wenn du die Bestimmungen sorgfältig liest, dann wirst du feststellen, dass die Verbote lediglich das Jagen mit Waffen betreffen.«

Amüsiert betrachtete er mein Gesicht, während ich langsam kapierte, was er da gerade gesagte hatte.

60 »Bären?«, wiederholte ich zaghaft.

»Grizzlybären mag Emmet[1] am liebsten.« Seine Stimme klang immer noch unbekümmert, doch er verfolgte genau meine Reaktion. Ich versuchte mich zusammenzureißen.

---

1 einer von Edwards Brüdern

»Hmmm«, sagte ich und nahm einen Bis-
65 sen von meiner Pizza – ein Vorwand, um den
Blick zu senken. Ich kaute langsam, dann
trank ich ausgiebig von der Cola und schaute
weiter nach unten.

»Und?«, fragte ich, als ich mich endlich
70 traute, seinen mittlerweile besorgten Blick zu
erwidern. »Was magst du am liebsten?« [...]

»Puma.«

»Ah«, sagte ich mit höflichem Desinteresse
und wandte mich wieder meiner Cola zu. [...]

75 »Ich versuche, mir das vorzustellen, aber es gelingt mir nicht«, gab ich zu.
»Wie jagt man einen Bären ohne Waffen?«

»Oh, Waffen haben wir schon.« Sein Mund verzog sich zu einem kurzen,
bedrohlichen Lachen, das seine blitzenden Zähne entblößte. [...] »Nur nicht
solche, die unter die Jagdbestimmungen fallen. Falls du jemals im Fernsehen
80 einen angreifenden Bären gesehen hast, dann kannst du dir ein Bild von Emmet beim Jagen machen.« [...]

»Bist du auch wie ein Bär?«, fragte ich leise.

»Mehr wie eine Raubkatze, das sagen zumindest die anderen« [...].

»Werde ich das auch einmal zu sehen bekommen?«

85 »Auf gar keinen Fall!« Sein Gesicht wurde noch bleicher, als es ohnehin
schon war, und seine Augen funkelten wütend. Überrascht und – obwohl ich
es ihm gegenüber nie zugeben würde – verängstigt von seiner Reaktion wich
ich zurück. Er lehnte sich ebenfalls nach hinten und verschränkte die Arme.

»Zu beängstigend für mich?«, fragte ich, als ich meine Stimme wiederge-
90 funden hatte.

»Wenn es das wäre, würde ich dich heute Nacht mitnehmen«, sagte er
schneidend. »Es gibt nichts, was du *dringender* nötig hast als eine gesunde Por-
tion Angst.«

1 Vergleicht Edward mit dem klassischen Vampir aus Bram Stokers »Dracula«.
Notiert Gemeinsamkeiten und Unterschiede.

2 Beschreibe Bellas Reaktion auf Edwards Beschreibungen seiner Lebensweise.
Suche entsprechende Textstellen.

3 Erkläre Edwards Aussage im letzten Satz des Textauszugs.

Annette Zerpner

Mein Gebiss an deinem Hals

Nach sieben Staffeln der Fernsehserie »Buffy – Im Bann der Dämonen« war eigentlich zu erwarten, dass es an amerikanischen Highschools keine Vampire mehr gibt. Aber für Stephenie Meyers Debütroman »Bis(s) zum Morgengrauen« hat die Vampirjägerin aus Kalifornien wohl doch noch ein paar
5 Opfer übriggelassen. In dieser Blutsaugerromanze zieht die Erzählerin namens Bella aus Phoenix zu ihrem Vater in die regnerische Kleinstadt Forks und erfreut sich plötzlich großer Beachtung durch die lokale Männerwelt. Doch die Siebzehnjährige hat von Anfang an nur Augen für den engelsgesichtigen Edward, der sich mit seinen blassen Geschwistern abseitshält. Altersent-
10 sprechend wird das Wörtchen »peinlich« häufig benutzt, während die erotische Spannung zwischen dem mysteriösen Schönling und dem ungeschickten New kid in town steigt. Bella jedenfalls kommt hinter ein dunkles Geheimnis: Edward und seine Sippe sind Vampire, die sich allerdings aus humanen Gründen auf den Konsum von Tierblut beschränken. Diese Zurückhaltung kostet
15 Mühe, Bella ist nun einmal absolut nach Edwards Geschmack. Beißt er sie oder beißt er sie nicht? Das ist die Frage, die mehr als 500 Seiten lang fesseln soll. [...] Da [...] »Bis(s) zum Morgengrauen« ein Jugendbuch ist, führt Leidenschaft nur zu züchtigen Küssen und einer gewaltigen Anhäufung von Klischees. Glühende Blicke und samtene Stimmen verursachen weiche Mädchen-
20 knie. Edwards physische Attribute kann man bald im Schlaf herunterbeten, denn Passagen wie diese wiederholen sich: »Die glatte weiße Haut seines Halses ging direkt in die marmornen Konturen seiner Brust über, und seine perfekte Muskulatur war nicht länger eine bloße Andeutung unter dem Stoff, der sie verbarg.« Das klingt [...] nach Heftchenromanze und entsprechend fällt
25 auch das Mädchenbild in diesem Buch aus – [...] so ist Bella ein hilflos schmachtendes Persönchen, das vom übermenschlichen Liebsten ständig aus selbstverschuldetem Ungemach gerettet werden muss. Originelle Einfälle wie die besonderen Fähigkeiten von Edwards Geschwistern und ein gigantisches, durch die Geräuschkulisse eines Gewitters getarntes Baseballspiel unter Vam-
30 piren bleiben unausgeschöpftes Beiwerk, Äußerlichkeiten wie Autos, Kleider und Frisuren hingegen werden eingehend beschrieben. [...] Unterhaltung und Eskapismus sind legitime Ansprüche, die Leser aller Altersstufen von Zeit zu Zeit an ihre Lektüre stellen. »Bis(s) zum Morgengrauen« trifft dieses Verlangen genau. Mehr nicht. [...] *FAZ v. 23. 12. 2006, S. 36*

Eine Rezension schreiben

Um ein Buch zu rezensieren, reicht es nicht aus zu sagen, ob es gut oder schlecht ist. Gefordert ist eine begründete Meinung, die sich auf eine Textanalyse stützt. Sie ist gleichzeitig subjektiv und objektiv, denn auch wenn einem etwas nicht gefällt, kann die Handlung spannend, die Figurenentwicklung gelungen sein. Eine Rezension beinhaltet meist folgende Elemente:

1. Einleitung
– »Aufhänger«: Zitat, passende Redewendung, z.B. »*Ende gut, alles gut*« – *das trifft auch auf diesen Vampirroman zu ...*
– Buchtitel und Autorin/Autor, evtl. biografischer Bezug und Einordnung ins Gesamtschaffen: *Sein dritter Roman greift wieder die Werwolf-Legende auf ...*
– kurze Inhaltsangabe
– erster persönlicher Eindruck: *Das Buch ist eine gelungene Mischung aus ...*

2. Hauptteil
– Aussagen zum Handlungsverlauf, zur Erzählperspektive, zu Figuren und deren Konstellation, zur sprachlichen Gestaltung und Qualität
– Aufzeigen von Schwachstellen und Widersprüchen: *Die Wandlung vom blutrünstigen Vampir zum Schoßhündchen wirkt nicht glaubhaft ...; Leider wiederholen sich ...*
– anschauliche und aussagekräftige Zitate
– Analyseergebnisse: *Die ausführlichen Beschreibungen der Geistererscheinungen sind nie langweilig ...; Die Figuren wirken, als könnte man ihnen im Supermarkt begegnen ...; Die Autorin erzählt mit Witz und sprachlichen Einfällen ...*
– Vergleich mit anderen Büchern der gleichen Thematik: *Geistergeschichten gibt es viele, diese aber ...*
– Vermutung zum Ideengehalt: *Der Roman will über Engel aufklären ...*

3. Schluss
– Zusammenfassung und Einschätzung der Gesamtleistung des Werks
– abschließende Gegenüberstellung positiver und negativer Aspekte
– Vermutung über den kommerziellen Erfolg
– Leseerwartung: *Von einem Vampirroman erwarte ich eigentlich ..., aber ...*

1 Schreibe eine Rezension zu einem fantastischen Buch deiner Wahl. Überlege dir eine passende Überschrift.

1 Lies den folgenden Text und verfasse anschließend eine Inhaltsangabe.

E. T. A. Hoffmann

Eine Spukgeschichte

Adelgunde war sonst das blühendste munterste Kind, das man nur sehen konnte. Ihr vierzehnter Geburtstag wurde gefeiert, eine Menge Gespielinnen waren dazu eingeladen. – Die sitzen in dem schönen Boskett[1] des Schlossgartens im Kreise umher und scherzen und lachen und kümmern sich
5 nicht darum, dass immer finstrer und finstrer der Abend heraufzieht, da die lauen Juliuslüfte erquickend wehen und erst jetzt ihre Lust recht aufgeht. In der magischen Dämmerung beginnen sie allerlei seltsame Tänze, indem sie Elfen und andere flinke Spukgeister vorstellen wollen. »Hört«, ruft Adelgunde, als es im Boskett ganz finster geworden, »hört Kinder, nun will ich
10 euch einmal als die weiße Frau erscheinen, von der unser alter verstorbener Gärtner so oft erzählt hat. Aber da müsst ihr mit mir kommen bis ans Ende des Gartens, dorthin, wo das alte Gemäuer steht.« – Und damit wickelt sie sich in ihren weißen Shawl und schwebt leichtfüßig fort durch den Laubgang, und die Mädchen laufen ihr nach in vollem Schäkern und Lachen. Aber kaum ist
15 Adelgunde an das alte halb eingefallene Gewölbe gekommen, als sie erstarrt – gelähmt an allen Gliedern stehen bleibt. Die Schlossuhr schlägt neun. »Seht ihr nichts«, ruft Adelgunde mit dem dumpfen hohlen Ton des tiefsten Entsetzens, »seht ihr nichts – die Gestalt – die dicht vor mir steht – Jesus! – sie streckt die Hand nach mir aus – seht ihr denn nichts?« – Die Kinder sehen nicht das
20 mindeste, aber alle erfasst Angst und Grauen. Sie rennen fort, bis auf eine, die, die Beherzteste, sich ermutigt, auf Adelgunden zuspringt, sie in die Arme fassen will. Aber in dem Augenblick sinkt Adelgunde todähnlich zu Boden. Auf des Mädchens gellendes Angstgeschrei eilt alles aus dem Schlosse herzu. Man bringt Adelgunde hinein. Sie erwacht endlich aus der Ohnmacht und erzählt,
25 an allen Gliedern zitternd, dass, kaum sei sie vor das Gewölbe getreten, dicht vor ihr eine luftige Gestalt, wie in Nebel gehüllt, gestanden und die Hand nach ihr ausgestreckt habe. – Was war natürlicher, als dass man die ganze Erscheinung den wunderbaren Täuschungen des dämmernden Abendlichts zuschrieb. Adelgunde erholte sich in derselben Nacht so ganz und gar von ihrem
30 Schreck, dass man durchaus keine böse Folgen befürchtete, sondern die ganze Sache für völlig abgetan hielt. – Wie ganz anders begab sich alles! – Kaum

1 Gruppe von beschnittenen Büschen und Bäumen in besonders angelegten Gärten

schlägt es den Abend darauf neun Uhr, als Adelgunde mitten in der Gesellschaft, die sie umgibt, entsetzt aufspringt und ruft: »Da ist es – da ist es – seht
ihr denn nichts! – dicht vor mir steht es!« – Genug, seit jenem unglückseligen
35 Abende behauptete Adelgunde, sowie es abends neune schlug, dass die Gestalt
dicht vor ihr stehe und einige Sekunden weile, ohne dass irgendein Mensch
außer ihr auch nur das mindeste wahrnehmen konnte oder in irgendeiner
psychischen Empfindung die Nähe eines unbekannten geistigen Prinzips gespürt haben sollte. Nun wurde die arme Adelgunde für wahnsinnig gehalten
40 und die Familie schämte sich in seltsamer Verkehrtheit dieses Zustandes der
Tochter, der Schwester. Daher jene sonderbare Art, sie zu behandeln, deren ich
erst erwähnte. Es fehlte nicht an Ärzten und an Mitteln, die das arme Kind von
der fixen Idee, wie man die von ihr behauptete Erscheinung zu nennen beliebte, befreien sollten, aber alles blieb vergebens und sie bat unter vielen Trä-
45 nen, man möge sie doch nur in Ruhe lassen, da die Gestalt, die in ihren unge-
wissen unkenntlichen Zügen an und vor sich selbst gar nichts Schreckliches
habe, ihr kein Entsetzen mehr errege, wiewohl es jedes Mal nach der Erscheinung ihr zumute sei, als wäre ihr Innerstes mit allen Gedanken hinausgewen-
det und schwebe körperlos außer ihr selbst umher, wovon sie krank und matt
50 werde. – Endlich machte der Obrist[2] die Bekanntschaft eines berühmten Arz-
tes, der in dem Ruf stand, Wahnsinnige auf eine überaus pfiffige Weise zu heilen. Als der Obrist diesem entdeckt hatte, wie es sich mit der armen Adelgunde
begebe, lachte er laut auf und meinte, nichts sei leichter als diesen Wahnsinn
zu heilen, der bloß in der überreizten Einbildungskraft seinen Grund finde.

2 *veraltet für* Oberst

55 Die Idee der Erscheinung des Gespenstes sei mit dem Ausschlagen der neunten Abendstunde so fest verknüpft, dass die innere Kraft des Geistes sie nicht mehr trennen könne, und es käme daher nur darauf an, diese Trennung von außen her zu bewirken. Dies könne aber nun wieder sehr leicht dadurch geschehen, dass man das Fräulein in der Zeit täusche und die neunte Stunde
60 vorübergehen lasse, ohne dass sie es wisse. Wäre dann das Gespenst nicht erschienen, so würde sie selbst ihren Wahn einsehen und physische Erkräftigungsmittel würden dann die Kur glücklich vollenden. – Der unselige Rat wurde ausgeführt! – In einer Nacht stellte man sämtliche Uhren im Schlosse, ja selbst die Dorfuhr, deren dumpfe Schläge herabsummten, um eine Stunde
65 zurück, sodass Adelgunde, sowie sie am frühen Morgen erwachte, in der Zeit um eine Stunde irren musste. Der Abend kam heran. Die kleine Familie war wie gewöhnlich in einem heiter verzierten Eckzimmer versammelt, kein Fremder zugegen. Die Obristin mühte sich, allerlei Lustiges zu erzählen, der Obrist fing an, wie es seine Art war, wenn er vorzüglich bei Laune, die alte
70 Französin ein wenig aufzuziehen, worin ihm Auguste (das ältere Fräulein) beistand. Man lachte, man war fröhlicher als je. – Da schlägt die Wanduhr achte (es war also die neunte Stunde) und leichenblass sinkt Adelgunde in den Lehnsessel zurück – das Nähzeug entfällt ihren Händen! Dann erhebt sie sich, alle Schauer des Entsetzens im Antlitz, starrt hin in des Zimmers öden Raum,
75 murmelt dumpf und hohl: – »Was! – eine Stunde früher? – ha, seht ihr's? – seht ihr's? – da steht es dicht vor mir – dicht vor mir!« – Alle fahren auf, vom Schrecken erfasst, aber als niemand auch nur das mindeste gewahrt, ruft der Obrist: »Adelgunde! – fasse dich! – es ist nichts, es ist ein Hirngespinst, ein Spiel deiner Einbildungskraft, was dich täuscht, wir sehen nichts, gar nichts,
80 und müssten wir, ließe sich wirklich dicht vor dir eine Gestalt erschauen, müssten wir sie nicht ebenso gut wahrnehmen als du? – Fasse dich – fasse dich Adelgunde!« – »O Gott – o Gott«, seufzt Adelgunde, »will man mich denn wahnsinnig machen! – Seht, da streckt es den weißen Arm lang aus nach mir – es winkt.« – Und wie willenlos, unverwandten starren Blickes, greift nun
85 Adelgunde hinter sich, fasst einen kleinen Teller, der zufällig auf dem Tische steht, reicht ihn vor sich hin in die Luft, lässt ihn los – und der Teller, wie von unsichtbarer Hand getragen, schwebt langsam im Kreise der Anwesenden umher und lässt sich dann leise auf den Tisch nieder! – Die Obristin, Auguste lagen in tiefer Ohnmacht, der ein hitziges Nervenfieber folgte. Der Obrist
90 nahm sich mit aller Kraft zusammen, aber man merkte wohl an seinem verstörten Wesen die tiefe feindliche Wirkung jenes unerklärlichen Phänomens.

Die alte Französin hatte, auf die Knie gesunken, das Gesicht zur Erde gebeugt,
95 still gebetet, sie blieb so wie Adelgunde frei von allen bösen Folgen. In kurzer Zeit war die Obristin hingerafft. Auguste überstand die Krankheit, aber wünschenswerter war gewiss ihr Tod
100 als ihr jetziger Zustand. – Sie, die volle herrliche Jugendlust selbst, wie ich sie erst beschrieben, ist von einem Wahnsinn befallen, der mir wenigstens grau-

envoller, entsetzlicher vorkommt als irgendeiner, den jemals eine fixe Idee
105 erzeugte. Sie bildet sich nämlich ein, *sie* sei jenes unsichtbare körperlose Gespenst Adelgundens, flieht daher alle Menschen oder hütet sich wenigstens, sobald ein anderer zugegen, zu reden, sich zu bewegen. Kaum wagt sie es zu atmen, denn fest glaubt sie, dass, verrate sie ihre Gegenwart auf diese, jene Weise, jeder vor Entsetzen des Todes sein müsse. Man öffnet ihr die Türe, man
110 setzt ihr Speisen hin, dann schlüpft sie verstohlen hinein und heraus – isst ebenso heimlich usw. Kann ein Zustand qualvoller sein? – Der Obrist, ganz Gram und Verzweiflung, folgte den Fahnen zum neuen Feldzuge. Er blieb in der siegreichen Schlacht bei W. – Merkwürdig, höchst merkwürdig ist es, dass Adelgunde seit jenem verhängnisvollen Abende von dem Fantom befreit ist.
115 Sie pflegt getreulich die kranke Schwester und ihr steht die alte Französin bei. So wie Sylvester mir heute sagte, ist der Oheim der armen Kinder hier, um mit unserm wackern R- über die Kurmethode, die man allenfalls bei Augusten versuchen könne, zu Rate zu gehen. – Gebe der Himmel, dass die unwahrscheinliche Rettung möglich.

2 Recherchiere, was die Redewendung »Gesichte haben« bedeutet, und beziehe sie auf die Geschichte.

3 Suche Textstellen heraus, die auf eine rationale, d.h. vernünftige Erklärung schließen lassen.

4 Welche weiteren Geschichten, in denen es spukt, kennt ihr? Tragt ihre gemeinsamen Merkmale zusammen und beschreibt Unterschiede dieses Motivs.

Franz Kafka

Die Verwandlung

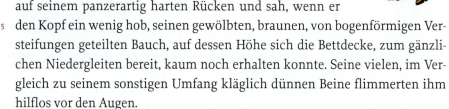

Als Gregor Samsa eines Morgens aus unruhigen
Träumen erwachte, fand er sich in seinem Bett
zu einem ungeheueren Ungeziefer verwandelt. Er lag
auf seinem panzerartig harten Rücken und sah, wenn er
5 den Kopf ein wenig hob, seinen gewölbten, braunen, von bogenförmigen Ver-
steifungen geteilten Bauch, auf dessen Höhe sich die Bettdecke, zum gänzli-
chen Niedergleiten bereit, kaum noch erhalten konnte. Seine vielen, im Vergleich zu seinem sonstigen Umfang kläglich dünnen Beine flimmerten ihm
hilflos vor den Augen.

10 »Was ist mit mir geschehen?«, dachte er. Es war kein Traum. Sein Zimmer,
ein richtiges, nur etwas zu kleines Menschenzimmer, lag ruhig zwischen den
vier wohlbekannten Wänden. Über dem Tisch, auf dem eine auseinanderge-
packte Musterkollektion von Tuchwaren ausgebreitet war – Samsa war Rei-
sender –, hing das Bild, das er vor Kurzem aus einer illustrierten Zeitschrift
15 ausgeschnitten und in einem hübschen, vergoldeten Rahmen untergebracht
hatte. Es stellte eine Dame dar, die, mit einem Pelzhut und einer Pelzboa verse-
hen, aufrecht dasaß und einen schweren Pelzmuff, in dem ihr ganzer Unter-
arm verschwunden war, dem Beschauer entgegenhob.

Gregors Blick richtete sich dann zum Fenster, und das trübe Wetter – man
20 hörte Regentropfen auf das Fensterblech aufschlagen – machte ihn ganz melancholisch. »Wie wäre es, wenn ich noch ein wenig weiterschliefe und alle
Narrheiten vergäße«, dachte er, aber das war gänzlich undurchführbar, denn
er war gewöhnt, auf der rechten Seite zu schlafen, konnte sich aber in seinem
gegenwärtigen Zustand nicht in diese Lage bringen. Mit welcher Kraft er sich
25 auch auf die rechte Seite warf, immer wieder schaukelte er in die Rückenlage
zurück. Er versuchte es wohl hundertmal, schloss die Augen, um die zappeln-
den Beine nicht sehen zu müssen, und ließ erst ab, als er in der Seite einen
noch nie gefühlten, leichten, dumpfen Schmerz zu fühlen begann ...

1 Beschreibe die Reaktion von Gregor Samsa auf seine Verwandlung.

2 Der Textauszug ist der Beginn einer Erzählung. Setze sie fort und schreibe, was
der Figur als Käfer widerfahren könnte. Bedenke dabei auch das Verhalten seiner
Mitmenschen.

Merkwissen

Anekdote	(*griech.* anékdota – das nicht Herausgegebene) Eine ursprünglich mündlich überlieferte Geschichte, in der typische Eigenheiten einer bekannten Persönlichkeit, einer gesellschaftlichen Gruppe oder das Charakteristische eines Ereignisses wiedergegeben werden. Die A. ist kurz, witzig und endet oft mit einer → Pointe.
auktorialer Erzähler	→ Erzählperspektive
Autor, Autorin	(*lat.* auctor – Urheber, Verfasser) Verfasser von literarischen Texten, aber auch von Drehbüchern, Fernsehspielen oder Sachtexten (Fachbuch-, Lehrbuch-, Sachbuchautor).
Ballade	(*ital.* ballata – Tanzlied) Zunächst ein zum Tanzen gesungenes Lied mit Refrain, das sich ab Mitte des 18. Jh. zum Erzählgedicht mit einer spannenden bzw. dramatisch zugespitzten Handlung entwickelte. Erzählt wird in Strophen und meist in gereimter Form.
Dialog	(*griech.* dialogos – Wechselrede, Zwiegespräch) Unterredung zwischen zwei oder mehreren Personen im Unterschied zum → Monolog (Selbstgespräch). → Szenische Texte bestehen fast ausschließlich aus Dialogen.
Drama	(*griech.* Handlung) Ist durch → Dialoge und → Monologe der auftretenden Figuren gekennzeichnet. Der Haupttext wird auf der Bühne durch die Schauspieler vorgetragen, im Nebentext finden sich Regieanweisungen für die Umsetzung.
Dramatik	Literarische Gattung neben → Epik und → Lyrik. Sie umfasst nicht nur das Drama, sondern auch andere → szenische Texte wie → Hörspiel und Fernsehspiel.
Epik	Literarische Gattung neben → Lyrik und → Dramatik. Sie bezeichnet die erzählende Literatur, in der Ereignisse aus der Sicht eines fiktiven → Erzählers wiedergegeben werden. Das können Romane, Erzählungen oder Kurzgeschichten sein.
Epoche	(*griech.* Haltepunkt) Bezeichnet einen längeren Zeitabschnitt, der über grundlegende Gemeinsamkeiten auf einem bestimmten Gebiet verfügt (z. B. in der Geschichte der Menschheit, der Musik- oder Literaturgeschichte). In der Literatur werden jeweils Grundströmungen im literarischen Schaffen einer Zeit benannt. Dabei sind die Grenzen fließend, auch lassen sich nicht alle Autoren einer bestimmten Epoche zuordnen. Beispiele für Epochen der deutschen

	Literatur sind: Aufklärung, Sturm und Drang, Klassik, Expressionismus, Exilliteratur.
Erzähler	Ist vom → Autor erschaffen, um die Geschichte zu erzählen, d.h. Autor und Erzähler sind nicht identisch. Die Sicht, aus der ein Geschehen erzählt wird, nennt man → Erzählperspektive.
Erzähl-perspektive	Sicht, aus der ein Geschehen erzählt wird. Sie gibt Antwort auf die Frage »Wer spricht?«. Man unterscheidet: *Ich-Erzähler:* ist als → Figur am Geschehen beteiligt und gibt die Ereignisse in der Ich-Form wieder (dadurch zwar große Nähe zur Figur, aber subjektive Einschätzung der anderen Figuren). *Sie-Erzählerin/Er-Erzähler:* kann als Figur am Geschehen beteiligt sein oder von außen beobachten (eingeschränkter Einblick in die Gefühls- und Gedankenwelt anderer Figuren). Tritt die Erzählerin / der Erzähler allwissend auf, d.h. kennt sie/er die Vorgeschichte, den weiteren Handlungsverlauf sowie die Gedanken und Gefühle der Figuren, und kommentiert und bewertet das Geschehen, dann spricht man von einem *auktorialen (allwissenden) Erzähler.*
Fabel	(*lat.* fabula – Erzählung) Kurze Geschichte, mit der eine Lehre oder Moral vermittelt wird. Meist handeln sie von Tieren, die menschliche Eigenschaften verkörpern, z.B. der listige Fuchs.
Fastnachtsspiel	Theaterform, die im Mittelalter entstand und vorrangig um Fastnacht herum aufgeführt wurde. Mit weltlichen und komischen Inhalten, enthielt oft derbe Scherze. Es gab keine Bühne, Regieanweisungen oder aufwändigen Requisiten. Die Spieler waren meist Handwerksgesellen. Bekanntester Vertreter: Hans Sachs.
Figur	(*lat.* figura – Gestalt, Wuchs) Person, die in einem literarischen Text vorkommt. Man unterscheidet dabei zwischen Haupt- und Nebenfiguren, je nach ihrem Anteil am Geschehen. Eine F. wird charakterisiert durch ihr Äußeres, ihr beschriebenes Verhalten und eigene Äußerungen (Gedanken oder wörtliche Rede). Die Beziehung der Figuren zueinander nennt man → Figurenkonstellation.
Figuren-konstellation	Beschreibt die Gruppierung der Figuren in einem epischen oder dramatischen Werk. Dabei wird untersucht, in welchem Verhältnis sie zueinander stehen (Gegner oder Verbündete?) und wie sich die wechselseitigen Beziehungen zwischen ihnen während des Handlungsverlaufes entwickeln bzw. ändern.
Gedicht	In einem G. drückt der → Autor Gedanken und Gefühle zu einem bestimmten Thema aus (z.B. Natur, Liebe, Politik). Dabei verwendet er oft → sprachliche Bilder. Gedichte kann man in → Strophen

	unterteilen, die aus → Versen bestehen. Sie haben einen bestimmten Rhythmus und können sich nach einem bestimmten Schema → reimen. Im G. spricht oft ein → lyrisches Ich, das nicht mit dem Autor verwechselt werden darf.
Gestik	Bezeichnet Körperbewegungen, um Aussagen zu unterstützen oder um sich ohne Worte zu verständigen.
Haiku	(*jap.* lustiger Vers) Kürzeste Gedichtform, die ursprünglich aus Japan stammt. Besteht aus 17 Silben, die auf drei Verse zu 5, 7, 5 Silben verteilt sind. Themen sind vor allem Beobachtungen aus der Natur.
Handlung	Man unterscheidet die äußere Handlung, die das sichtbare Geschehen, die Außenwelt, zeigt. Hier handeln und sprechen die → Figuren direkt. Die innere Handlung dagegen umfasst die Gedanken und Gefühle der Figuren, also deren Innenwelt.
Hörspiel	Ein für den Hörfunk produziertes oder bearbeitetes Stück, das allein mit akustischen Mitteln (Wort, Ton, Geräusche) arbeitet.
Ironie	Ersetzen des eigentlich Gemeinten durch das Gegenteil, oft ein Mittel der → Satire. Ironie erkennt man am Tonfall oder am offensichtlichen Widerspruch zur Realität (Aussage »Du bist ja wieder pünktlich«, wenn jemand gerade zu spät kommt).
Kalendergeschichte	Kurze Erzählung, die seit dem 16. Jh. für Kalender geschrieben wurde. Gegenstand sind merkwürdige, lustige oder nachdenklich stimmende Begebenheiten, die die Leser unterhalten und belehren sollen. Zu den bekanntesten Autoren gehören Johann Peter Hebel, Erwin Strittmatter und Bertolt Brecht.
Komödie	Ein → Drama mit einer heiteren Handlung, das meist ein glückliches Ende hat.
Konflikt	(*lat.* conflictus – Zusammenstoß) Problem der Hauptfigur, das sie im Verlauf der Handlung lösen muss. Das kann ein Streit sein oder eine schwierige Entscheidung.
Kurzgeschichte	Kurze und prägnante Erzählung (in Anlehnung an die amerikanische *short story*), die durch typische Merkmale gekennzeichnet ist: Erzählt wird ein einzelnes Erlebnis oder Ereignis, die Sprache ist knapp und alltäglich, manches wird nur angedeutet. Es treten wenige → Figuren auf. Die Handlungszeit ist auf wenige Stunden begrenzt, oft gibt es nur einen Handlungsort. Der Beginn ist meist unvermittelt, das Ende offen und mitunter überraschend. Wichtige Vertreter sind u. a. Wolfgang Borchert, Ilse Aichinger, Heinrich Böll.

Kriminal-geschichte	Erzählung, in deren Mittelpunkt ein Verbrechen steht (z. B. Diebstahl, Mord). Dabei liegt der Schwerpunkt entweder auf der Tat und dem Täter oder auf der Aufklärung des Verbrechens durch einen Detektiv. Im ersten Fall geht es um die Bedingungen, unter denen das Verbrechen geschieht, im zweiten Fall um Spurensuche und Beweisführung. Berühmte Detektive der Kriminalliteratur sind Sherlock Holmes oder Miss Marple.
Lyrik	Literarische Gattung neben → Epik und → Dramatik. Sie zeichnet sich durch verdichtete, bildhafte Sprache aus, die in → Versen gebunden ist. Zu lyrischen Texten gehören → Gedichte und Lieder.
lyrisches Ich	Bezeichnet den Sprecher des → Gedichts, also das sprechende, künstlerisch gestaltete Ich, das nicht mit dem Ich des → Autors übereinstimmt.
Märchen	(*mhd.* mære – Kunde, Mitteilung) Kurze Erzählung mit meist fantastischem Inhalt. Man unterscheidet die mündlich überlieferten Volksmärchen, wie die von den Brüdern Grimm gesammelten »Kinder- und Hausmärchen«, und die von einem → Autor verfassten Kunstmärchen, z. B. von Hans Christian Andersen. Die → Figuren haben typische Eigenschaften und sind in Gut und Böse unterschieden. Die Handlung ist oft in drei Teile gegliedert, häufig gibt es wiederkehrende Zauber- und Verwünschungsformeln sowie ähnliche sprachliche Wendungen zu Beginn und am Ende.
Metapher	(*griech.* metaphora – Übertragung) Ein Wort wird nicht in seiner eigentlichen Bedeutung gebraucht, sondern im bildlichen, übertragenen Sinne. Diese Bedeutungsübertragung entsteht aufgrund eines gemeinsamen Merkmals, z. B. *Stuhlbein* oder *Lebensabend*. Metaphern kommen auch in unserer Umgangssprache vor, in → Gedichten dienen sie der Veranschaulichung einer Aussage.
Mimik	Bezeichnet den Gesichtsausdruck. Im Alltag, auf der Bühne oder im Film kann man an der Mimik die Gefühle eines Menschen ablesen.
Monolog	(*griech.* monologos – allein sprechend) Selbstgespräch einer Person im Gegensatz zum Zwiegespräch (→ Dialog). Im → Drama, aber auch in erzählender Literatur kann eine handelnde → Figur in einem Monolog ihre Gedanken äußern.
Motiv	(*franz.* motif – Beweggrund, Antrieb) In der Literatur ein typisches inhaltliches oder gedankliches Element. Man spricht z. B. vom Romeo-und-Julia-Motiv, wenn es um die Liebe zweier Menschen geht, die aufgrund einer Feindseligkeit zwischen den Eltern tragisch endet. Andere M. sind das Vampir-Motiv, das Gespenster-Motiv, das Doppelgänger-Motiv, Motiv der Einsamkeit usw.

Parabel	(*altgriech.* parabolé – Nebeneinanderstellung) Eine kurze lehrhafte Erzählung, die moralische und ethische Fragen aufwirft. Das vordergründig dargestellte Geschehen hat eine übertragene, symbolische Bedeutung, die vom Leser erkannt werden muss. Lessing nutzte die »Ringparabel« für sein Drama »Nathan der Weise«.
Parodie	(*griech.* parōdía – Gegenlied) Eine übertreibende oder verspottende Nachahmung bekannter Texte (z.B. Märchenparodien), Filme (z.B. die Westernparodie »Der Schuh des Manitu«), Fernsehsendungen (z.B. »Switch reloaded«) oder prominenter Personen. Dabei wird die äußere Form beibehalten, der Inhalt aber so verändert, dass ein komischer Effekt entsteht.
Personifizierung	Naturerscheinungen oder Gegenstände verhalten sich wie Menschen, z.B. *beißender Frost, das Haus ächzte im Sturm.*
Pointe	(*frz.* Spitze, Schärfe) Unerwartete Wendung, z.B. zum Schluss einer → Anekdote, mit dem Ziel, durch ihren Witz die Zuhörer oder Leser zum Lachen zu bringen.
Reim	Gleichklang von Wörtern *(Hut – gut)* am Ende zweier → Verse, z.B. der Paarreim (aabb), der Kreuzreim (abab) und der umarmende Reim (abba).
Rezension	(*lat.* recensio – Musterung) Kritische Besprechung eines künstlerischen Werks (Buch, Film, CD, Theateraufführung, Konzert, Ausstellung, Computerspiel). Neben einer kurzen Inhaltsangabe werden die spezifischen Merkmale des Werks analysiert und bewertet (Erzählweise, Schauspielerleistung, Bühnenbild, Klangqualität). Eine R. findet man in Zeitungen und Zeitschriften, im Hörfunk, Fernsehen und Internet.
Sage	Mündlich überlieferte Erzählung von teils wunderbaren Begebenheiten, die sich auf historische Ereignisse, Naturerscheinungen oder landschaftliche Eigenheiten beziehen. Es können Zwerge, Riesen, Tiere oder Menschen mit übernatürlichen Fähigkeiten auftreten, im Gegensatz zum → Märchen wird jedoch ein höherer Realitätsanspruch gestellt. Man unterscheidet Heimat- und Ortssagen (z.B. »Krabat«), Göttersagen (z.B. »Prometheus«) oder Heldensagen (z.B. »Ring der Nibelungen«).
Satire	(*lat.* satur – satt, voll) Spottdichtung, die menschliche Schwächen oder gesellschaftliche Missstände auf humorvolle, aber auch bissige Weise kritisiert. Ihre Mittel sind → Ironie, Über- oder Untertreibung, Wortwitz, Verfremdung von Sachverhalten. Bekannte Autoren sind Kurt Tucholsky, Ephraim Kishon, Robert Gernhardt. Die gezeichnete Form nennt man Karikatur.

Schwank	(*mhd.* swanc – Streich, Hieb) Kurze Erzählung mit scherzhaftem oder moralischem Inhalt. Handelt oft von der Überlistung eines dummen Menschen durch einen klugen, wie bei Till Eulenspiegel oder Hodscha Nasreddin.
Sonett	(*lat.* sonus – Klang, Schall, *altfranz.* sonet – kleines Lied) Strenge Form der ➜ Lyrik, die in der Grundform aus 14 ➜ Versen besteht, meist eingeteilt in zwei vierzeilige ➜ Strophen und zwei dreizeilige. In den beiden vierzeiligen Strophen herrscht der gleiche ➜ umarmende Reim vor.
sprachliche Bilder	Geben menschliche Erfahrungen, Gefühle oder Gedanken wieder, die manchmal nur für unser »inneres Auge« vorstellbar sind.
Strophe	(*griech.* strophe – Wendung, Dehnung) Abschnitt eines ➜ Gedichts, der sich aus mehreren ➜ Versen zusammensetzt.
Symbol	(*griech.* symbolon – zusammenfügen) Sinnbild, konkretes Zeichen für etwas Allgemeines (z.B. *Herz* für *Liebe, Kreuz* für *christliche Religion* oder *Tod, Stern* und *Halbmond* für *Islam, weiße Taube* für *Frieden*), das nicht nur in ➜ Gedichten, sondern auch im Alltag als sprachliches Mittel verwendet wird.
Szene	(*griech.* skene – Zelt, Bühne) Sinneinheit innerhalb einer Handlung. Sie ist die kleinste Einheit eines Theaterstücks, oft werden mehrere Szenen zu einem Akt zusammengefasst. Im Film besteht eine Szene aus einer oder mehreren Einstellungen.
szenischer Text	Wird in ➜ Dialogen geschrieben, es gibt keinen ➜ Erzähler. Ziel ist es, den Text als ➜ Handlung zu spielen. Oft gibt es Regieanweisungen mit Hinweisen zur Handlung oder zum Sprechen.
Tragödie	Ein ➜ Drama, in dem die Hauptfigur mit einem unausweichlichen Schicksal konfrontiert wird oder in einen ➜ Konflikt zwischen einander ausschließenden Werten gerät und daran scheitert.
Vergleich	Verbindet Wörter oder Wortgruppen mit »wie« oder »als (ob)«, um etwas miteinander zu vergleichen und dadurch deutlicher zu machen. Wird in der Alltagssprache verwendet oder als sprachliches Mittel im ➜ Gedicht, z.B. *Die Luft ist wie aus grauem Tuch.*
Vers	(*lat.* versus – Wendung, Linie) Bezeichnet die einzelne Gedichtzeile. Mehrere Verse ergeben eine ➜ Strophe.
Zeilensprung	Übergang eines Satzes oder Teilsatzes am Ende eines ➜ Verses in die nächste Zeile. Bewirkt ein Innehalten.

Quellenverzeichnis

Aichinger, Ilse (geb. 1921): *Das Fenster-Theater (S. 80).* Aus: I. A.: Der Gefesselte. Erzählungen. Frankfurt/M.: S. Fischer Verlag, 1963, S. 61 ff.

Arnim, Achim von (1781–1831): *Auf der Durchreise (S. 72).* Aus: Ricklefs, Ulfert (Hg.): A. v. A. Werke in sechs Bänden. Bd. 5. Gedichte. Frankfurt/M.: Deutscher Klassiker Verlag, 1994, S. 203.

Ausländer, Rose (1901–1988): *Gemeinsam (S. 72).* Aus: R. A.: Im Atemhaus wohnen. Gedichte. Frankfurt/M.: Fischer Taschenbuch Verlag, 1981, S. 111.

Bach, Tamara (geb. 1976): *Was vom Sommer übrig ist* (Auszug) *(S. 8).* Hamburg: Carlsen Verlag, 2012, S. 93 ff.

Benoit, Charles: *DU bist dran!* (Auszug) *(S. 30).* Aus dem amerikanischen Englisch von Mareike Weber. München: cbt Verlag, 2011, S. 34 ff.

Biondi, Franco (geb. 1947): *Sprachfelder 1 (S. 53).* Aus: F. B.: Ode an die Fremde. Gedichte mit vier Abbildungen von Skulpturen. Sankt Augustin: Avlos Verlag, 1995, S. 121.

Böll, Heinrich (1917–1985): *An der Brücke (S. 124).* Aus: Böll, Viktor, Busse, Karl Heiner (Hg.): H. B. Erzählungen. Band II. Köln: Kiepenheuer & Witsch, 1997, S. 9 ff.

Borchert, Wolfgang (1921–1947): *Die Küchenuhr (S. 74).* Aus: W. B.: Das Gesamtwerk. Band I. Halle/S.: Mitteldeutscher Verlag, 1957, S. 257 ff.; *Draußen vor der Tür* (Auszug) *(S. 126).* Aus: Sechzehn deutsche Hörspiele. Ausgewählt von Hansjörg Schmitthenner. München: R. Pieper & Co. Verlag, 1962, S. 163 ff.

Brecht, Bertolt (1898–1956): *An die Nachgeborenen (S. 115).* Aus: B. B.: Gesammelte Werke. Bd. 9. Gedichte 2. Frankfurt/M.: Suhrkamp Verlag, 1967, S. 724; *Der Augsburger Kreidekreis (S. 130).* Aus: ebenda, Bd. II. Prosa 1, S. 334 ff.; *Der Pflaumenbaum (S. 132).* Aus: ebenda, Bd. 9. Gedichte 2, S. 647.

Cirak, Zehra (geb. 1960): *Länderkunde (S. 57).* Aus: Z. C.: Leibesübungen. Köln: Kiepenheuer & Witsch, 2000, S. 96.

Darwish, Mahmoud (1941–2008): *Er ist ruhig, ich auch (S. 56).* Aus: M. D.: wo du warst und wo du bist. Aus dem Arabischen von Adel Karasholi. München: A1 Verlag, 2004, S. 7 f.

Dickinson, Emily (1830–1886): *Ich bin Niemand! I'm Nobody! (S. 52).* Aus: E. D.: Gedichte Englisch und Deutsch. Ausgewählt und übertragen von Gertrud Liepe. Stuttgart: Philipp Reclam jun., 1970, S. 44 f.

Dörrie, Doris (geb. 1955): *»Es gibt da eine kleine Ente ...« (S. 90).* Aus: Kurz und bündig. Die schnellsten Geschichten der Welt. Eingefangen von Daniel Kampa. Zürich: Diogenes Verlag, 2007, S. 57 ff.

Die Welle – Der Film (S. 34). Dialogtext nach: Dennis Gansel: Die Welle. Constantin Film. 2008.

Eich, Günter (1907–1972): *Inventur (S. 122).* Aus: Ohde, Horst (Hg.): G. E. Gesammelte Werke. Bd. I: Die Gedichte. Frankfurt/M.: Suhrkamp Verlag, 1973, S. 35.

Feuchtwanger, Lion (1884–1958): *Der Schriftsteller im Exil (S. 116).* Aus: L. F.: Ein Buch nur für meine Freunde. Frankfurt/M.: S. Fischer Verlag, 1984, S. 534 ff.

Fleming, Paul (1609–1640): *An sich (S. 69).* Aus: Haufe, Eberhard (Hg.): P. F. Gedichte. Leipzig: Insel Verlag, 1970, S. 5.

Fried, Erich (1921–1988): *Ungewiss (S. 55).* Aus: Kaukoreit, Volker, Wagenbach, Klaus (Hg.): E. F. Gesammelte Werke. Gedichte 2. Berlin: Verlag Klaus Wagenbach, 1993, S. 397.

Geelhaar, Anne (1914–1998): *Doktor Faust und sein Geist Mephisto (S. 94).* Aus: Fortunat und seine Söhne. Sieben Volksbücher. Nach Simrock, Marbach und Scherer für Kinder ausgewählt und bearbeitet von Anne Geelhaar. Berlin: Der Kinderbuchverlag, 1966, S. 208 ff.

Goethe, Johann Wolfgang von (1749–1832): *Wandrers Nachtlied (S. 64).* Aus: Trunz, Erich (Hg.): Goethes Werke. Band I: Gedichte und Epen. München: Deutscher Taschenbuch Verlag, 1982, S. 142; *Faust. Der Tragödie erster Teil*

(Auszug) (S. 96). Aus: ebenda, Band III, S. 16 ff.; *Faust. Der Tragödie zweiter Teil* (Auszug) *(S. 113)*. Aus: ebenda, Band III, S. 347 ff.

Gryphius, Andreas (1616–1684): *Es ist alles eitel (S. 68)*. Aus: Elschenbroich, Adalbert (Hg.): A. G. Gedichte. Eine Auswahl. Stuttgart: Philipp Reclam jun., 1968, S. 5.

Heine, Heinrich (1797–1856): *Deutschland. Ein Wintermärchen* (Auszug) *(S. 59)*. Aus: Heines Werke in fünf Bänden. Zweiter Band. Berlin, Weimar: Aufbau-Verlag, 1974, S. 93 ff.

Hesse, Hermann (1877–1962): *Im Nebel (S. 71)*. Aus: H. H.: Gesammelte Dichtungen. Bd. 5. Frankfurt/M.: Suhrkamp Verlag, 1952, S. 517.

Hilbig, Wolfgang (1941–2007): *›lasst mich doch‹ (S. 58)*. Aus: Bong, Jörg, Hosemann, Jürgen, Vogel, Oliver (Hg.): W. H. Werke. Gedichte. Frankfurt/M.: S. Fischer Verlag, 2008, S. 9.

Hoffmann, E. T. A. (1776–1822): *Eine Spukgeschichte (S. 146)*. Aus: E. T. A. H.: Poetische Werke in sechs Bänden. Band 3. Berlin: Aufbau-Verlag, 1958, S. 405 ff.

Hohler, Franz (geb. 1943): *Der Langläufer (S. 82)*. Aus: F. H.: Die Rückeroberung. Erzählungen. Darmstadt und Neuwied: Luchterhand-Literaturverlag, 1984, S. 79 ff.

Interview mit Regisseur Dennis Gansel (S. 45). Aus: Bildung schützt nicht vor Faschismus. Online im Internet: www.sueddeutsche.de/kultur/interview-zu-die-welle-bildung-schuetzt-nicht-vor-faschismus-1.269818 [30. 05. 2013]

Kafka, Franz (1883–1924): *Die Verwandlung* (Auszug) *(S. 150)*: Aus: Hermsdorf, Klaus (Hg.): F. K. Das erzählerische Werk. Band I. Erzählungen, Aphorismen, Brief an den Vater. Berlin: Rütten & Loening, 1983, S. 112 f.

Kahlau, Heinz (1931–2012): *Ein Tag wie ein Wunder (S. 55)* Aus: Emmerich, Ursula (Hg.): Bögen. Ausgewählte Gedichte 1950–1980. Berlin: Aufbau-Verlag, 1981, S. 335.

Kaléko, Mascha (1907–1975): *Mein schönstes Gedicht (S. 51)*. Aus: M. K.: In meinen Träumen läutet es Sturm. München: Deutscher Taschenbuch Verlag, 1977.

Karasholi, Adel (geb. 1936): *Eilende Winde (S. 57)*. Aus: A. K.: Also sprach Abdulla. München: A1 Verlag, 1995.

Kaschnitz, Marie-Luise (1901–1974): *Ein ruhiges Haus (S. 92)*. Aus: M.-L. K.: Steht noch dahin. Neue Prosa. Frankfurt/M.: Insel Verlag, 1980, S. 70.

Keun, Irmgard (1905–1982): *Die fremde Stadt (S. 117)*. Aus: Emmerich, Wolfgang, Heil, Susanne (Hg.): Lyrik des Exils. Stuttgart: Philipp Reclam jun., 1997, S. 142.

Köster, Magdalena (geb. 1949): *Edelweißpiraten leisten Widerstand (S. 50)*. Aus: M. K.: Gegen-Power. Zivilcourage, Mut & Engagement. München: Deutscher Taschenbuch Verlag, 2001, S. 118 ff.

Kreslehner, Gabi (geb. 1965): *Und der Himmel rot* (Auszug) *(S. 22)*. Weinheim, Basel: Beltz & Gelberg, 2011, S. 8 ff.

Lappert, Rolf (geb. 1958): *Pampa Blues* (Auszug) *(S. 12)*. München: Carl Hanser Verlag, 2012, S. 9 ff.

Lermontow, Michail (1814–1841): *Aus Goethe / Из Гёте (S. 65)*. Aus: Лермонтов М. Ю. Лирика. Москва, 1988, С. 88.

Meyer, Stephenie (geb. 1973): *Bis(s) zum Morgengrauen* (Auszug) *(S. 141)*. Aus dem Amerikanischen von Karsten Kredel. Hamburg: Carlsen Verlag, 2006, S. 195 ff.

Morgenstern, Christian (1871–1914): *Der Werwolf (S. 134)*. Aus: Schuhmann, Klaus (Hg.): C. M. Ausgewählte Werke. Erster Band. Leipzig und Weimar: Gustav Kiepenheuer Verlag, 1985, S. 117.

Örkény, István (1912–1979): *Zu Hause (S. 77)*. Aus: I. Ö.: Minutennovellen. Ausgewählt und aus dem Ungarischen übersetzt von Terézia Mora. Frankfurt/M.: Suhrkamp Verlag, 2002, S. 46.

Puschkin, Alexander (1799–1836): *An *** (S. 67)*. Aus: Raab, Harald (Hg.): A. P. Gesammelte Werke in sechs Bänden. Band 1. Übersetzt von Jens Gerlach. Berlin, Weimar: Aufbau-Verlag, 1985, S. 92.

Rhue, Morton (geb. 1940): *Die Welle* (Auszug) *(S. 32).* Aus dem Amerikanischen von Hans-Georg Noack. Ravensburg: Ravensburger Taschenbuch Verlag, 1985, S. 13 ff.

Rimbaud, Arthur (1854–1891): *Empfindung. Sénsation (S. 70).* Aus: Pariser Traum. Nerval, Baudelaire, Mallarmé, Verlaine, Rimbaud. © Übersetzung: Kay Borowsky. Zweisprachige Ausgabe. Tübingen: Heliopolis Verlag, 1984, S. 178 f.

Röder, Marlene (geb. 1983): *Ein Strauß Schnecken (S. 84).* Aus: M. R.: Melvin, mein Hund und die russischen Gurken. Ravensburg: Ravensburger Buchverlag Otto Maier, 2011, S. 117 ff.

Schitke, Julia: *Glashaus (S. 20).* Aus: Rat für nachhaltige Entwicklung (Hg.): Jugend schreibt Zukunft. München: Ökom, 2003, S. 11.

Seghers, Anna (1900–1983): *Das siebte Kreuz* (Auszug) *(S. 118).* Werkausgabe 1/4. Berlin: Aufbau-Verlag, 2004, S. 9 ff.

Stoker, Bram (1847–1912): *Dracula* (Auszug) *(S. 136).* Aus dem Englischen von Anna Eunike Röhrig. Gekürzte Fassung für Kinder. Hildesheim: Gerstenberg Verlag, 1998, S. 14 ff.

Sostschenko, Michail (1894–1958): *Selbsthilfe (S. 88).* Aus: M. S.: Bleib Mensch, Genosse. Satiren und Grotesken. München: Langen Müller Verlag, 1972, S. 151 f.

Szymborska, Wisława (1923–2012): *Beitrag zur Statistik (S. 62).* Aus: W. S.: Die Gedichte. Hg. und übertragen von Karl Dedecius. Frankfurt/M.: Suhrkamp Verlag, 1997, S. 315 ff.

Teller, Janne (geb. 1964): *Nichts. Was im Leben wichtig ist* (Auszug) *(S. 26).* Aus dem Dänischen von Sigrid Engeler. München: Carl Hanser Verlag, 2010, S. 8 ff.

Tolstoi, Lew (1828–1910): *Der gelehrte Sohn. Fabel (S. 79).* Aus: Dieckmann, Eberhard (Hg.): L. T. Gesammelte Werke in zwanzig Bänden. Bd. 8: Das neue Alphabet. Russische Lesebücher. Aus dem Russ. übers. von Hermann Asemissen. Berlin: Rütten & Loening, 1968, S. 201.

Whaley, John: *Wanderer's Evening Song (S. 65).* Online im Internet: http://www.ilmenau. de/770-0-Wandrers+Nachtlied.html [30.05.2013]

Wild, Margaret (geb. 1948): *Jinx* (Auszug) *(S. 16).* Aus dem australischen Englisch übersetzt von Sophie Zeitz. München, Wien: Carl Hanser Verlag, 2003, S. 6 ff.

Zerpner, Annette: *Mein Gebiss an deinem Hals (S. 144).* Aus: FAZ v. 23. 12. 2006, S. 36.

Zwetajewa, Marina (1892–1941): *Auf Schiefertafeln schrieb ichs (S. 66).* Aus: Mierau, Fritz (Hg.): M. Z. Gedichte. Prosa. Russisch und deutsch. Übersetzt von Uwe Grüning. Leipzig: Philipp Reclam jun., 1987, S. 21.

Texte der Autorinnen

Ein Selbstporträt gestalten (S. 21)
Filmische Mittel des Erzählens einsetzen (S. 41)
Ein Gedicht interpretieren (S. 54)
Fremdsprachige Gedichte übersetzen (S. 64)
Einen kurzen epischen Text interpretieren (S. 78)
Eine Dramenszene interpretieren (S. 105)
Die Gretchentragödie (S. 111)
Faust II. Kurzinhalt (S. 112)
Trümmerliteratur und Neubeginn (S. 123)
Eine Autorin / einen Autor vorstellen (S. 129)
Projekt: Über das Fantastische (S. 135)
Vampirglaube und historisches Vorbild (S. 140)
Eine Rezension schreiben (S. 145)

Fachübergreifendes

Die Edelweißpiraten leisten Widerstand* (S. 50). Magdalena Köster.
Fremdsprachige Gedichte übersetzen (S. 64). Autorentext.
Die Gretchentragödie (S. 111). Autorentext.
Vampirglaube und historisches Vorbild (S. 140). Autorentext.

Verwendete Textsorten

Bildquellen